VOCI DELLA NATURA

Editing: Clare Stringer
Impaginazione e redazione: Sara Signorini e Antonella Lavorato

www.battelloavapore.it

Pubblicato per PIEMME da Mondadori Libri S.p.A.
I Edizione 2019

ISBN 978-88-566-7310-4

Anno 2019-2020-2021 Edizione 1 2 3 4 5 6 7 8 9 10

ELCOGRAF S.p.A. - Via Mondadori, 15 - Verona

IL BATTELLO A VAPORE

GIANUMBERTO
ACCINELLI

VOCI DELLA NATURA

GLI INSETTI RACCONTANO IL MONDO

Illustrazioni di Veronica Carratello

PIEMME

Al lunedì sera e alla sua benefica voce

INTRODUZIONE

Tra le mie pieghe cerebrali, immerso nei milioni di cellule nervose, esiste ancora, limpido e chiaro, il momento in cui ho iniziato ad ascoltare le voci della natura.

Da adolescente, infatti, trascorrevo dei lunghi pomeriggi affacciato alla finestra di casa ad ascoltare il canto emesso da centinaia di uccelli appollaiati sui rami degli ippocastani del cortile.

In quelle ore di osservazione e di ascolto avevo addirittura inventato un gioco: quando il volume del coro dei pennuti raggiungeva un picco, io battevo con forza le mani e il silenzio calava di colpo tra i rami. Quella pace però era solo

temporanea: dopo qualche minuto, un primo uccello riprendeva timidamente a far vibrare l'aria nella sua gola seguito da un altro e poi da un altro, fino al momento in cui dagli alberi il canto antico come il mondo raggiungeva di nuovo il suo picco. E allora io battevo ancora le mani, per far ricominciare un ciclo che durava ore e ore.

La mia passione per la natura si è però concretizzata durante gli anni universitari, quando decisi che la biologia e il suo studio sarebbero diventati il mio lavoro. Questa consapevolezza si è accesa in un'aula universitaria durante le lezioni magistrali di entomologia tenute dal professor Egidio Mellini. Ebbene, durante quelle ore, con le sue parole il professore apriva una finestra su un mondo delle meraviglie vicinissimo ma quasi invisibile e abitato da piccoli esseri capaci di fare grandi cose.

Da quel momento sono rimasto affacciato alla finestra indicata dal professore e non ho mai smesso di rimanere affascinato dalle avventure dei suoi abitanti a sei zampe.

Il panorama che osservo ormai da anni mi rivela stratagemmi geniali, battaglie ferocissime e romantiche relazioni di amore, ma anche mille voci che raccontano tante sto-

rie. Storie che raccolgo con cura per metterle nei miei libri, tra cui quello che avete tra le mani, Voci della natura.

E se tra le righe, tra un segno grafico e l'altro, sentirete anche solo una piccola parte di quella meraviglia che proviene dalla finestra aperta sul mondo degli insetti, allora io sarò felice.

Buona lettura,

Gianumberto

1

LA VOCE SUBDOLA DEL COLEOTTERO E QUELLA LABORIOSA DELL'APE

Il preciso istante in cui è successo è stato inghiottito dalle pieghe del tempo e nessuno potrà mai recuperarlo. Sconosciuto è anche il luogo in cui è avvenuto e pure il suo artefice. Nessuno potrà mai dire quando è stata emessa ***la prima parola****.*

Eppure è accaduto: per la prima volta nella storia della vita un soffio d'aria è uscito dai polmoni di un essere umano, è stato modulato dalle corde vocali e poi, una volta libero nel cielo, si è posato su "qualcosa". Che cosa? Un oggetto? O un animale? Forse era diretto a una donna, o a un uomo, o a un bambino, oppure è stato lanciato verso il cielo con la speranza di evocare un essere sovrannaturale.

L'atmosfera, forse, era colma di paura o magari d'amore, oppure di odio feroce o di scintillante allegria. Insomma, nessuno lo sa e nessuno lo potrà mai sapere. Le domande sull'avvenimento sono tantissime e tutte senza una risposta.
Eppure, come vi dicevo, è successo: un nostro avo, chissà quando, chissà dove e chissà perché, ha pronunciato una parola capace di raccontare un pezzetto di mondo.
Attenzione, però: non tutto è sconosciuto!
Le conseguenze di quel fatidico momento sono note e le possiamo osservare anche adesso. Basta guardarsi intorno per rendersi conto che oggi viviamo letteralmente immersi in un immenso oceano di parole.
Il primo vocabolo pronunciato nella notte dei tempi ha infatti generato un torrente che si è trasformato in fiume e poi in mare e quindi nell'attuale oceano. Le parole hanno girato il mondo e si sono colorate con tutte le tinte delle culture umane.
Questa massa gigantesca è composta da suoni di vario genere: ci sono parole che, dopo essere entrate dentro di noi, sono capaci di far sbocciare il nostro giardino interiore con pen-

sieri rigogliosi e sempre nuovi. Altre, invece, sono pericolose e assomigliano a frecce che, dopo aver colpito il nostro cuore, fanno sgorgare gocce di sangue. Inoltre, le parole hanno il potere di rischiarare la realtà e renderla leggermente più comprensibile, ma sanno fare anche l'esatto contrario: gettare un velo di menzogna sul mondo celando le sue verità.
Belle e aggraziate, brutte e volgari, chiassose o bisbigliate, ce n'è per tutti i gusti!
Coglierle è facile: è sufficiente sfogliare la massa di libri che gli uomini, con il passare del tempo, hanno scritto, pubblicato e riposto nelle biblioteche, nelle librerie e, oggi, anche nell'ambiente etereo di Internet.
Eppure noi esseri umani non siamo gli unici organismi capaci di comunicare. Anche i nostri compagni di viaggio su questo pianeta si scambiano messaggi d'amore, si lanciano sfide terribili e si coordinano tra loro.
Ovviamente esistono delle differenze fondamentali tra i due linguaggi: mentre il nostro è composto da parole e da segni grafici, il loro alfabeto può essere fatto di colori, profumi, assumere tante forme, svariati gusti, oppure volteggiare nell'aria sotto forma di onde sonore.
Non solo: il nostro linguaggio, talvolta, prende strade secondarie e perde il suo significato originale diventando difficile da decifrare e comprendere.
La voce della natura, invece, è sempre chiara, diretta e coerente.

Ascoltare questa voce è semplice: basta passeggiare in un prato in primavera e annusare l'aria profumata, riempire gli occhi con i colori dei fiori e sgranocchiare un frutto zuccherino. Capirla invece può essere difficile ed è necessario un interprete capace di trasformare quei profumi, quelle forme e quei gusti in parole per noi famigliari.
Ecco allora che entra in campo l'ecologia: la scienza che studia le relazioni tra gli organismi viventi e che traduce per noi la voce della natura.
Siete curiosi di conoscere le storie che la natura ha da raccontare?
Allora, inoltriamoci in un prato e, mentre passeggiamo, ascoltiamo quello che gli organismi ci stanno comunicando, e iniziamo a farlo scaldando le narici.
Gli organismi che mescolano delle molecole con l'aria per lanciare un messaggio profumato sono numerosi. Di tutte queste comunicazioni che ci volteggiano intorno la nostra specie può percepirne solo pochissime. Durante la nostra storia evolutiva, infatti, noi uomini abbiamo barattato l'olfatto con la vista e l'udito.
Gli insetti, invece, hanno percorso una strada completamente diversa e il loro mondo viaggia sulle ali degli odori, mentre si sofferma poco sia sulle forme sia sui colori.
I fiori si sono quindi attrezzati con profumi per attirare le api e gli altri impollinatori anche da lontano. Allo

stesso modo, le farfalle femmine emettono una sostanza, che prende il nome di "feromone sessuale"*, capace di attirare il loro compagno anche da dodici chilometri di distanza. La sensibilità del maschio a questo odore è così marcata che può rilevarne addirittura le singole molecole.*

Potrei poi parlarvi del raffinato sistema basato sulle sostanze volatili che regola l'intricato mondo sotterraneo delle formiche.

Ma prima di inoltrarci nei cunicoli dei formicai e di viaggiare nella città di cera delle api, vorrei, per un attimo, interrompere la passeggiata che abbiamo appena iniziato per osservare qualcos'altro. Seguitemi...

Vedete quella piccola massa marrone posata su un ramoscello? Ce n'è una anche su questo filo d'erba, guardate... All'apparenza si tratta di un unico organismo ma, aguzzando la vista, si nota che è costituita da numerose larve. Sono le forme giovanili del coleottero meloide.

Come impiegano il loro tempo i giovani meloidi?

A una prima analisi, sembra che non facciano assolutamente nulla! In realtà sono impegnati a comunicare, in modo subdolo, con i maschi delle api solitarie.

Come?, vi starete chiedendo.

Be', cerchiamo le risposte interrogando direttamente uno dei membri del folto gruppo di larve che se ne sta appoggiato, proprio in questo momento, su questo filo d'erba.

Cari amici umani, piacere di conoscervi, sono un **COLEOTTERO MELOIDE**. O meglio, una larva di meloide. Volete conoscere la mia storia?

Se è così, allora dovete sapere qualcosa sul mondo delle api, il cui esponente più noto è l'ape da miele, una delle poche della nostra famiglia a essere sociale. Tutte le altre sono solitarie, e la mia storia è finemente intrecciata proprio con questi ultimi insetti.

Allora, le api solitarie conducono una vita piuttosto diversa da quella delle loro sorelle sociali; per esempio, non hanno una società e quindi nemmeno le caste. Detto in altre parole, ogni femmina depone le proprie uova e si occupa direttamente dei figli.

La vita dei maschi, sia sociali sia solitari, è invece simile: in pratica nessuno di loro fa nulla da mattina a sera, a parte andare in giro alla ricerca delle femmine, s'intende.

Ed è proprio qui, nel punto debole dei maschi delle api solitarie, nell'estrema sensibilità mostrata da questi rubacuori a sei zampe, che noi meloidi ci inseriamo per manipolarli per bene.

Come?

Aspettate ancora un attimo, prima di svelarvi il mio segreto devo raccontarvi qualcosa sulla vita delle api solitarie. In realtà sui maschi non c'è tanto di più da dire, visto che la loro esistenza è contraddistinta da un unico bisogno: cercare le femmine.

Passerei quindi a descrivervi la vita frenetica, complessa e impegnata delle femmine. Prima di tutto esse si devono occupare della casa: alcune specie scelgono come dimora i cunicoli delle canne secche, mentre altre amano stabilirsi nei fori che si formano tra un mattone e l'altro delle vecchie case. Altre ancora si impegnano a scavare un tunnel sotto terra per poi stabilirsi lì insieme ai figli.

Dopo che hanno messo su casa, il comportamento delle varie specie converge e si concretizza nella ricerca del polline e del nettare, le tipiche sostanze nutrienti che abbondano nei fiori. Ecco perché le api si tuffano centinaia di volte all'interno delle corolle e ne escono con una discreta dose di cibo, che però utilizzano solo in minima parte per se stesse. Con il resto le signore api solitarie "preparano il pasto" per le future larve. Con le loro zampette pelose mescolano i doni dei fiori fino a ottenere una pallina ricca di zuccheri e proteine che sistemano alla base del nido.

È quindi arrivato il momento di deporre le uova, cosa che avviene proprio sopra il cibo. Quando la larva sguscerà, avrà a disposizione l'alimento sufficiente per diventare matura, trasformarsi in crisalide e quindi in un adulto pronto ad affrontare il mondo!

Prima di raccontarvi le strategie che io e i miei compagni coleotteri meloidi usiamo per manipolare i maschi delle api solitarie, fatemi dire le ultime parole sulla vita delle femmine...

Dovete sapere che la natura, forse per compensarle del ruolo meno facile rispetto ai compagni, ha dotato le api solitarie di una grande opportunità che pochi possiedono su questa terra: in pratica, esse possono scegliere se avere figli maschi o figlie femmine.

Ma, tra le mille virtù possedute da questi insetti, numi tutelari della biodiversità, c'è anche la totale assenza di pregiudizi di genere, e quindi esse mettono al mondo entrambi i generi, anche se con una differenza: le uova che daranno origine a figlie femmine vengono deposte prima, e cioè alla base del nido, mentre quelle dei figli maschi vengono messe alla fine, e quindi nella parte superiore del tunnel. Questo comportamento ha un chiaro significato ecologico: essendo il genere femminile responsabile dell'accudimento dei figli è biologicamente più importante. E dato che la vita del prato può essere molto pericolosa, le api per non sapere né leggere né scrivere assicurano la vita alle figlie femmine. Poi, se tutto va bene, si occupano anche dei maschi. Il risultato, come vi dicevo, si nota nel nido, che accoglie le camere delle sorelle alla base e quelle dei fratelli in cima.

Va da sé che, all'inizio della buona stagione, sono i maschi i primi a uscire e ad affrontare il nuovo mondo. E indovinate un po' cosa fanno appena si trovano nel prato ricco di fiori? Si mettono a lavorare? Assolutamente no. Si occupano del loro nido assicurando un futuro alla loro famiglia? No, neanche questo.

I maschi ronzano in giro con un'unica idea in testa: accoppiarsi con una femmina! Esiste però un fatto che non conoscono: le loro compagne sono

ancora rinchiuse alla base del nido e deve ancora trascorrere qualche giorno prima dello sfarfallamento. Voi umani chiamate questo sfasamento temporale con una parola piuttosto difficile da pronunciare: “proterandria”.

Dopo questa premessa, è finalmente giunto il momento di parlarvi di me e di svelare il segreto che mi tiene aggrappato a un filo d’erba insieme a una massa di miei simili: sto, semplicemente, ingannando i maschi delle api sfruttando sia la proterandria sia il loro punto debole.

In che modo? Cercando di usare la loro voce!

La massa di insetti sul rametto e su questo filo d’erba non è affatto casuale: le altre larve e io ci sistemiamo in modo tale da formare una massa che cerca, in qualche modo, di assomigliare a una femmina di ape. Sì, lo so... in realtà non ci riusciamo molto bene, ma poco importa: l’occhio non particolarmente sensibile dell’ape si lascia ingannare con grande facilità.

Ma il nostro vero virtuosismo, il nostro atto ingannevole e fraudolento avviene grazie alla manipolazione dell’olfatto del maschio, un senso davvero difficile da aggirare visto che è ultrasensibile. Ebbene, sia io sia le mie compagne larve spandiamo nell’aria circostante un odore del tutto identico a quello emesso dalla femmina dell’ape quando vuole attirare un maschio.

Ma vi ricordate della proterandria? Be’, pensate che durante la nostra storia millenaria, noi abbiamo imparato a sincronizzare il nostro ciclo vitale con quello delle api: cioè noi sgusciamo dalle uova in contemporanea con l’uscita dal nido dei maschi delle api, e quindi qualche giorno prima delle femmine. Va da sé che il nostro odore non incontra alcuna competizione ed è libero di attirare tutti "gli" api del prato.

Lo stratagemma funziona perfettamente e il maschio si butta come un allocco su quella che pensa essere una compagna. La sua convinzione dura il tempo necessario perché noi larve possiamo salire sul suo corpo e avvinghiarci alla sua folta pelliccia.

Ovviamente l'illusione è destinata a cadere, e una volta emersa la realtà dei fatti, il fuco, come chiamate voi il maschio dell'ape, riprende il suo volo alla ricerca di una compagna in carne ed esoscheletro.

Nel frattempo la stagione avanza, le giornate si fanno più lunghe, la temperatura sale e le femmine si decidono a uscire dai ricoveri invernali per affrontare il mondo.

Il mondo quindi è pronto ad accogliere il grande incontro tra i maschi e le femmine ma, visto i precedenti, non sarà un appuntamento a due... In effetti ci siamo anche io e le mie sorelle larve saldamente attaccate alla pelliccia del maschio!

Approfittando del momento cruciale, ci spostiamo sul corpo della femmina, anch'esso peloso e anch'esso capace di accoglierci.

A cavallo di ape, la seguiamo durante la sua giornata impegnatissima che, immancabilmente, si conclude con il rientro nel nido ricco di polline e nettare. A questo punto noi scendiamo dal nostro destriero ronzante a sei zampe e ci tuffiamo nel cibo che lui aveva preparato con tanto impegno e che sarebbe dovuto servire per nutrire le sue larve.

Poi uccidiamo le giovani di ape e passiamo l'intero inverno a mangiare quello che non è nostro. Sì, lo so, non è carino... ma vi avevo avvisato fin da subito che siamo dei subdoli manipolatori.

Grazie a questo furto, cresciamo, diventiamo delle "pupe" (così viene chiamato lo stato intermedio tra larva e adulto) e quindi degli adulti che si accoppiano e le cui femmine depongono le uova.

Dalle uova sguscia una nuova orda di larve pronta a ripetere il subdolo comportamento dei genitori e a consegnarlo a un futuro, fatto di anni, secoli e millenni.

Insomma, le voci della natura che si intrecciano in questo prato sono tantissime, alcune delle quali pure ingannevoli.

Ne volete conoscere un'altra che racconta sempre di come queste voci possono essere interpretate male? Allora procedete dritto per il sentiero e salite sulla collina. Proprio in cima incontrerete la famosa città d'oro, la metropoli fatta di cera che accoglie un numero di cittadini che raggiunge le cinquantamila unità. Se voi umani aveste le antenne di un insetto, la sentireste anche adesso, a qualche chilometro di distanza: infatti i profumi del miele, della propoli e quello più sottile delle regine arrivano fino a qui, ma il vostro naso non è in grado di percepirli. E non solo: sentireste anche l'inconfondibile profumo della banana matura...

Che cosa ci fa questo odore in mezzo a quello dolce del miele e a quello acre della propoli?

Per saperlo interrogate la prima ape che incontrerete e vedrete che vi racconterà una bellissima storia.

Buona passeggiata, quindi, e buoni racconti della natura!

Siete pronti a riprendere il cammino? Allora seguiamo i consigli della larva di meloide e imbocchiamo il sentiero che ci porta in cima alla collina, dove si trova la grande città delle api: l'alveare.

Abbiamo fatto solo pochi passi, ed ecco già un'ape: anche se si aggira da sola per il prato, non è certo un'ape solitaria, anzi. Si tratta di un'ape da miele, un essere amante della folla, che infatti passa la sua intera esistenza all'interno di un alveare che, rispetto al numero di abitanti che contiene, è relativamente piccolo.

Coraggio, interroghiamola e sentiamo la storia che ha da raccontarci, avvenuta il 2 novembre 1914, quando le voci della natura si sono mescolate generando una serie di fraintendimenti capaci addirittura di spezzare il sogno inglese denominato "dal Capo al Cairo".

Ma lasciamo parlare la laboriosa ape e ascoltiamo il suo racconto...

Caro amico, piacere di incontrarti!

Io sono un' **APE DA MIELE**, ma lascia che fermi un attimo le ali per riposarmi. Lo sai che passo la mia vita lavorando? O perlomeno lo faccio quando il prato è costellato di fiori e le condizioni meteorologiche mi permettono di uscire a raccogliere il nettare, la sostanza zuccherina contenuta proprio nei fiori che io e le mie sorelle trasformiamo in miele.

Il miele è fondamentale per la nostra vita perché lo utilizziamo per tantissime cose. Prima di tutto è il nostro nutrimento, ma poi usiamo la sua energia anche per scaldare la città d'inverno e raffreddarla d'estate. Non solo: le pareti dei favi sono colme di questo liquido prezioso che funziona pure da isolante aiutandoci a mantenere all'interno della città d'oro una temperatura costante.

Ma veniamo al racconto del 2 novembre 1914 e ai fatti che ci hanno viste coinvolte grazie a un malinteso tra le lingue.

Dovete sapere che non siamo solo noi api e insetti in generale a parlare tramite gli odori. Per noi le sostanze volatili rappresentano il mezzo di comunicazione più efficace, ma anche le piante le usano a profusione. I fiori, per esempio, spandono il loro profumo perché vogliono parlare con noi insetti impollinatori e avvertirci della presenza del nettare all'interno del loro calice.

Sempre le piante rivestono i loro frutti di essenze delicate, e lo fanno per stuzzicare le narici degli uccelli ma anche di voi mammiferi.

I vegetali sono letteralmente radicati al suolo e quindi non si possono muovere… ecco perché chiedono il nostro aiuto per trasportare i granuli pollinici e il vostro per allontanare i semi dalla pianta madre. Per farlo, i frutti si colorano, si riempiono di zuccheri e si profumano per bene. Insomma diventano irresistibili, tanto che voi li mangiate, ne digerite la polpa e fate finire i semini da qualche parte insieme a una certa dose di concime naturale. Questo vale per tutti i frutti, banana compresa.

Sì lo so, quello che vi sto raccontando sembra lontano dai fatti avvenuti il 2 novembre 1914, quelli che spezzarono il sogno inglese "dal Capo al Cairo". Ma per collegare il tutto devo fare un'altra digressione e parlarvi della nostra comunicazione interna.

Vi stavo raccontando del miele, che è una sostanza preziosa per la nostra vita. Di conseguenza l'alveare assomiglia a un castello inespugnabile con tanto di api guardiane sempre vigili e poste all'ingresso della nostra città. Se noi api bottinatrici - quelle delegate alla raccolta del miele - siamo tranquillissime e attacchiamo solo se ci sentiamo in pericolo, le guardiane sono invece molto aggressive e quando vedono un intruso - grande o piccolo che sia - nei pressi dell'alveare, gli si scagliano contro all'istante.

Ecco perché vi consiglio vivamente di non avvicinarvi alla nostra città dal davanti: verreste immediatamente attaccati dalle guardiane. E già che ci sono vi do un altro consiglio: se proprio volete farlo, evitate i vestiti scuri.

I colori cupi infatti accendono una parte di cervello antico di noi api e risvegliano la memoria dell'orso, il ghiotto distruttore di alveari. Ecco perché le guardiane, nel dubbio, vedendo i vostri abiti scuri vi attaccheranno senza pietà scambiandovi per il ladro di miele più terribile del mondo animale.

Come avrete notato, i vestiti dei nostri amici apicoltori sono, e non è un caso, sempre chiari.

Ma arriviamo alla comunicazione interna...

Dovete sapere che le api guardiane, ma in realtà anche le altre api, per coordinarsi al meglio e far fronte a un nemico che può essere piuttosto grosso, usano un odore che prende il nome di "feromone di allarme". La cosa funziona in questo modo: dopo aver punto l'intruso, la soldatessa gli spennella sulla pelle una sostanza che richiama a raccolta tutte le altre. Assomiglia alla tromba dei vostri eserciti, che coordina al meglio i soldati.

Bene, adesso ronzo verso un altro argomento che poi miscelerò con quello che vi ho raccontato finora e magicamente spiegherò cosa è successo il famoso 2 novembre 1914.

Avete presente l'oceano di parole in cui tutti voi siete letteralmente immersi? Quella marea di voci che ricopre ogni cosa dandogli un significato? Be', dovete sapere che tra questi milioni e milioni di onde sonore che voi modulate, esistono anche dei "falsi amici", delle parole che possiedono un suono simile ma il cui significato varia a seconda della lingua che utilizzate. Per esempio "*terrific*" in inglese non significa "terrificante" ma "formidabile" o "straordinario". "*Estate*" non significa "estate" ma "proprietà immobiliare". Potrei andare avanti molto a lungo a citare i falsi amici delle vostre lingue da umani, ma dovete sapere che i falsi amici si mescolano anche nelle voci della natura.

E qui arriviamo finalmente al sogno inglese "dal Capo al

Cairo" e a come questo si è spezzato per sempre il 2 novembre 1914.

All'epoca, la Gran Bretagna possedeva ancora un impero di tutto rispetto, tra cui una bella porzione di Africa che comprendeva sia il Sudafrica sia l'Egitto. Il sogno dei britannici - quello chiamato "dal Capo al Cairo" - era quello di congiungere i due territori per ottenere una immensa e continua colonia. Ma tra il Capo e il Cairo c'era di mezzo l'Africa Orientale Tedesca (l'attuale Tanzania). Questo stato dell'Africa centrale si frapponeva esattamente tra il Sudafrica e l'Egitto, spezzando il continente e pure il sogno britannico.

Potevano gli inglesi rinunciare al loro ideale espansionistico?

Ovviamente no! Ecco perché il 2 novembre 1914 due brigate inglesi si diressero verso Tanga, una delle città dell'Africa Orientale Tedesca, con il chiaro scopo di scacciare i tedeschi e coronare il loro sogno.

Gli inglesi vantavano due schieramenti formati da dodicimila soldati, mentre l'esercito tedesco era composto unicamente da duecentosedici soldati, affiancati da duemilacinquecentoquaranta nativi. Insomma, un dispiegamento di forze decisamente impari, tanto che già dopo poche ore di battaglia la vittoria era in tasca agli inglesi.

I britannici erano così convinti di aver vinto la battaglia che, addirittura, decisero di fare una pausa interrompendo il fischio dei proiettili per riempire il buco nello stomaco che, dopo ore di battaglia, si era fatto piuttosto grande. Ecco allora che una merenda sana, nutriente, leggera ma ricca di fibra e anche di potassio venne distribuita tra le truppe inglesi.

Sapete di cosa si trattava? Certo, ormai l'avete capito: di ottime banane mature provenienti dalle piantagioni africane inglesi.

E qui ronziamo fino ai falsi amici di cui vi parlavo prima: il feromone di allarme usato da noi api ha lo stesso identico odore della banana matura, e la cosa non è così strana visto che il numero di sostanze volatili non è infinito e la natura le usa tutte e in vario modo.

Per noi api questo odore significa "attaccare selvaggiamente!", mentre nel mondo delle banane vuole dire "mangiami ti prego!".

Sta di fatto che proprio nei pressi della battaglia, il caso o il destino avesse collocato un alveare abitato dalle api più feroci al mondo: quelle dell'Africa centrale!

Sentendo l'odore di banana, questi insetti pensarono di essere stati attaccati e alla diplomazia preferirono l'aggressività. Il resto è storia: centinaia di api si scagliarono contro l'esercito inglese che fu costretto alla ritirata e alla rinuncia del sogno "dal Capo al Cairo" .

Non solo: la fuga fu così veloce che i soldati lasciarono sul campo tantissime munizioni, radio e centinaia di banane che i tedeschi mangiarono, ovviamente nel luogo più lontano possibile dagli alveari.

Tutto per colpa di un odore delizioso!

Ora cari amici vi devo lasciare, la giornata è ancora lunga e il mio senso del dovere mi impone di tornare al lavoro, tuffarmi nei fiori, raccogliere il nettare e trasformarlo in quella sostanza che voi esseri umani chiamate "il cibo degli dei".

Buona passeggiata, e se tornate da queste parti vi racconterò altre storie che si celano nelle celle della mia città eterna.

2

LA VOCE BELLICOSA DELLA FORMICA E QUELLA FIERA DELLO SCARABEO

Riprendiamo il cammino e osserviamo come la voce della natura tiene tutti gli organismi legati gli uni agli altri in una rete intricata.
Per esempio, guardate i fili d'erba che punteggiano il prato: compongono un mosaico quasi perfetto! A porre ogni filo d'erba nel punto giusto ci ha pensato una voce che ha fatto prendere i semi delle piante, li ha posti sotto terra e infine li ha fatti crescere nel luogo e nel momento giusto.
La voce che ha posizionato in maniera così precisa i fili d'erba e le piante nel prato è un odore, in realtà non proprio gradevole al nostro olfatto ma decisamente piacevole per le antenne dei guerrieri a sei

zampe che vivono a metà strada tra il cielo e la terra. Coraggio, proviamo a fermare uno di questi combattenti, anche se sembrano tutti molto indaffarati... Speriamo che qualcuno ci conceda almeno pochi minuti per raccontarci di questo odore capace di mettere a posto ogni singola pianta nel prato.

Ciao a tutti!

Tanto per cominciare non sono un guerriero, non sono un combattente, ma *una* guerriera e *una* combattente. Proprio come le mie cugine api, tutte noi **FORMICHE** siamo femmine. I maschi compaiono solo una volta all'anno e sono quelli con le ali. Noi formiche operaie, invece, possiamo soltanto camminare o al massimo correre su e giù per i prati e su e giù per gli alberi.

Purtroppo ho poco tempo, ma cercherò lo stesso di spiegarvi come facciamo a creare il prato primaverile in cui ogni pianta cresce nel posto giusto.

A essere onesta, noi formiche non siamo certo le uniche a formare questo prezioso mosaico, anche se il nostro ruolo è fon-da-men-ta-le!

Allora, come sapete anche voi umani, l'inverno è lungo e privo di risorse ed è per questo che noi, durante la tarda primavera e l'autunno, raccogliamo tanti semi delle piante per poterli poi mangiare d'inverno... ed è proprio questo fatto che scatena una serie di eventi che porta alla creazione del prato in primavera.

Come vi dicevo, sono molto indaffarata e ora non ho

tempo di spiegarvi tutto il meccanismo, spero che durante la vostra passeggiata possiate incontrare un altro essere vivente che vi racconti quello che scatena questo evento.

Io, proprio perché vado di fretta, vi dico solo questo: tra la moltitudine di erbe del prato ne esistono alcune, come la viola e la celidonia, provviste di semi ricchi di grassi che spandono un delizioso profumino di cadavere putrefatto... Questa sostanza prende il nome di "elaiosoma".

Sì, lo so, per voi umani questo aroma è disgustoso, ma non certo per me e le mie sorelle, abituate a vivere quasi sempre nel regno delle tenebre.

Queste sostanze volatili rappresentano la voce delle piante e si rivolgono proprio a noi formiche: ci chiedono di essere prese tra le nostre forti mandibole e di essere condotte sotto terra, dove si nasconde la nostra comune energia vitale, che farà crescere alte le piante e svilupperà tante piccole larve.

Le mie sorelle e io accogliamo volentieri la richiesta di questi semi e lo facciamo per un unico scopo: consumare le sostanze "profumate di cadavere" e ricche di grassi e accumulare risorse per l'inverno.

E infatti così avviene: noi formiche ci gettiamo sui semi e, dopo averli trasportati nel formicaio, preleviamo da essi l'elaiosoma ricco di grassi, lo diamo in pasto alle larve e gettiamo quello che resta nella grande camera che utilizziamo per stoccare i rifiuti.

A questo punto interviene la natura, innaffiando il terreno in primavera e aumentando la temperatura dell'aria: condizioni perfette per permettere al giovane germoglio di innalzarsi verso il cielo e alla tenera radichetta di sprofondare nel suolo. Ecco allora che il prato avrà un pezzetto in più, un nuovo tassello del grande mosaico che ricopre di verde il nostro mondo.

Ora scusatemi tanto, ma devo proprio scappare, mi resta molto lavoro da fare! Ma non temete: sentirete ancora parlare di me.

Vi lascio in compagnia di un altro responsabile della disseminazione, forse il principale custode dell'aria fresca che state respirando in questo momento.

È un tipetto un po' particolare: se da una parte è il re delle puzze e l'eroe dei gusti discutibili, dall'altra ha conquistato l'Olimpo degli dei dell'antico Egitto, si è meritato una statua in Australia e il suo ritratto campeggia su migliaia di cartelli stradali in Sud Africa.

Questo animaletto vive in tutto il mondo: in Europa e in Asia, in Australia e in America, e adesso è proprio qui che trasporta sul prato il suo cibo preferito.

Vi lascio a lui e ai suoi racconti che parlano di tre colori, di

una foresta immensa, e di come tutto viene regolato dal suo provvidenziale intervento.

Ciao! Come vi ha detto la formica, io sono il re delle puzze e l'eroe dei gusti discutibili. Eppure sono stato capace di conquistare l'Olimpo degli dei dell'antico Egitto, farmi erigere una statua in Australia e il mio ritratto campeggia su migliaia di cartelli stradali in Sud Africa. Non solo: un importante scrittore dell'Impero austro-ungarico mi ha dedicato un intero romanzo.

Ho un aspetto umile, ma se adesso siete qui in piedi e se respirate aria fresca, sappiate che è tutto (o quasi) merito mio!

Preparatevi a viaggiare lontano, perché per conoscere la mia storia dobbiamo salire in alto nel cielo, superare la barriera dell'atmosfera, perderci nello spazio siderale e poi voltarci indietro a osservare il nostro pianeta. Vedete?

La palla che, forse, è l'unica dimora della vita si manifesta in tutta la sua bellezza vestita di tre colori: azzurro, bianco e verde.

L'azzurro è donato dagli oceani, il bianco dalle nuvole, mentre il verde viene offerto dagli unici organismi viventi visibili da quest'altezza: le piante. Sono tre tinte, tutte collegate le une alle altre, tanto che se ne sparisse una, allora anche le altre si dileguerebbero dal pianeta con conseguenze disastrose: la Terra si trasformerebbe in un'immensa roccia di colore rosso e la vita cesserebbe il suo incessante brulichio, forse per sempre.

Ora vi propongo un esperimento mentale. Facciamo sparire come per magia tutto l'azzurro dal nostro pianeta. La cosa causerebbe non pochi problemi: senza l'acqua liquida non si formerebbero le nuvole, non ci sarebbe più la pioggia, le piante seccherebbero e quindi non catturerebbero più la luce del sole smettendo di fornire nutrimento agli animali. Va da sé che in pochissimo tempo ogni organismo spegnerebbe la sua fiammella di vita.

Riprendiamo l'esperimento e questa volta facciamo sparire il colore verde, che brilla sotto forma di clorofilla nei vegetali. Questa molecola è fondamentale per la cosiddetta fotosintesi, il processo mediante il quale le foglie catturano l'energia del Sole e la trasformano in zuccheri dolcissimi. Sono questi zuccheri che, entrando nelle reti trofiche, alimentano l'immensa macchina della vita.

La fotosintesi clorofilliana è anche la responsabile della sottile pellicola di gas che circonda il nostro pianeta e che ci permette di respirare. Durante il processo, infatti, viene liberato ossigeno e catturata anidride carbonica. Il primo elemento, come sapete, permette la respirazione cellulare, mentre il ruolo del secondo è duplice: da una parte è una sostanza tossica e, se troppo concentrata, interrompe la vita; dall'altra trattiene il calore dei raggi del sole all'interno della nostra atmosfera. Non è un caso, infatti, che questo gas venga chiamato "gas serra" e consenta alle temperature terrestri di non fluttuare eccessivamente.

Ora, immaginiamo un mondo senza il verde delle piante: gli zuccheri non verrebbero più generati, causando una carestia terribile tra tutti gli esseri viventi. La cosa non finirebbe

qui: l'anidride carbonica, non più catturata dalle foglie, si concentrerebbe in quantità crescente nell'atmosfera. Di conseguenza i raggi del sole verrebbero trattenuti sulla superficie terrestre, la temperatura salirebbe oltre i cento gradi, l'acqua del mare diventerebbe vapore acqueo che saturerebbe la nostra atmosfera fino al punto da non poter essere trattenuta. Un immenso foro si aprirebbe nel cielo, disperdendo il colore bianco nello spazio infinito e per l'eternità. Il risultato sarebbe il solito colore rosso cupo che si impossesserebbe del nostro pianeta dissolvendo la vita in un lampo.

Ovviamente la cosa succederebbe anche togliendo il colore bianco delle nuvole.

Ma torniamo con i piedi e le zampe per terra e alla realtà, che per fortuna non è così terribile: il pianeta è ben intenzionato a trattenere vicino a sé i suoi tre colori facendo girare la ruota della vita per, mi auguro, tanto tempo ancora. E, pensate, lo fa, lo ha fatto e lo farà in futuro grazie a me che veglio sul suo delicato equilibrio colorato!

Sì, avete capito bene, proprio grazie a me, l'insetto dai gusti discutibili e dalla passione per le puzze fetide. Non per niente mi sono guadagnato un posto nell'Olimpo degli dei dell'antico Egitto, sono celebrato con una grande statua in

Australia e il mio ritratto campeggia su migliaia di cartelli stradali in Sud Africa. Ve l'avevo già detto?

Come vi ha anticipato l'amica formica, dovete sapere che io vivo in tutto il mondo, in Europa e in Africa, in Asia e nelle Americhe e, nei vari continenti, svolgo compiti di massima importanza!

Ma il mio compito di nume tutelare del tricolore bianco-verde-azzurro si concentra nella più grande foresta del mondo, quel bosco smisurato dove gli alberi crescono così fitti che le loro chiome costruiscono un immenso e intricato muro orizzontale che separa il cielo dalla terra. Questa barriera è così spessa che solo pochi raggi del sole riescono a scendere fino al suolo: quasi tutti rimbalzano sulla barriera di foglie per essere poi rispediti in cielo.

Questa sconfinata foresta si trova tra il centro e il sud America ed è proprio qui, tra le sue foglie e i suoi rami, che viene prodotta la maggior parte dell'ossigeno dell'atmosfera e che viene fissata gran parte dell'anidride carbonica. Detto in altre parole: è qui che la maggior parte dei fili colorati si lega tra loro permettendo alla vita di continuare il suo magnifico decorso.

Presto vi racconterò come svolgo il compito di guardiano dei colori del nostro pianeta, ora però proviamo a seguire alcuni dei rari raggi del sole che riescono a rompere il muro verde che separa il cielo dalla terra e a farsi largo tra le fronde.

Ebbene, prima di giungere al suolo, essi si posano, accarezzandole, sulle palpebre chiuse di alcune scimmie addormentate. Le linee dorate provenienti dalla stella vicina alla terra svegliano questi animali che, nel momento in cui aprono gli occhi, celebrano il nuovo giorno compiendo due azioni.

Il primo "saluto al sole" si svolge, in realtà, nell'oscurità del loro intestino, che viene interessato da un movimento ondoso e regolare - chiamato "peristalsi" - che ha, come esito finale, una cospicua produzione di escrementi.

Queste scimmie, infatti, nutrendosi quasi solo di foglie particolarmente ricche di fibra, sono degli eccezionali produttori di cacca.

E mentre il loro intestino è impegnato nel movimento ordinato e circolare della peristalsi, i primati del Nuovo Mondo si alzano in piedi su un ramo per il secondo "saluto al sole": rivolgendo lo sguardo verso il globo infuocato che fatica a penetrare il muro di foglie, emettono dalla gola un urlo talmente potente da risultare il più forte tra i versi di tutti gli animali terrestri. Nei maschi questo urlo assomiglia a un ruggito, mentre nelle femmine a un grugnito. Il risultato però è lo stesso: il rumore è così assordante che, se ascoltato a distanza ravvicinata, potrebbe provocare dei seri danni al timpano di voi umani. Non è un caso che queste scimmie prendono il nome di "scimmie urlatrici". Tale loro caratteristica è dovuta a un particolare osso - detto "ioide" - che si trova alla base della lingua: l'aria vibra al contatto con la sporgenza, provocando un suono che si amplifica enormemente nella laringe ingrossata e a forma di sacco.

Ma che bisogno c'è di urlare a squarciagola in mezzo alla foresta del Sud America, vi chiederete voi? E cosa c'entra il grido scimmiesco con l'azzurro, il verde e il bianco della terra?

Questi vostri parenti prossimi spezzano l'aria silenziosa per ben due motivi. Il primo è legato all'esigenza di delimitare il loro territorio. I confini vengono infatti sanciti proprio da questo suono che mantiene alla larga i potenziali invasori. Il secondo è invece connesso con la loro elevata produzione di escrementi. Come vi ho già detto, la dieta delle scimmie urlatrici è costituita da foglie ricche di fibre ma povere di risorse. Il loro cibo fornisce quindi grandi quantità di sterco ma pochissima energia. Ecco perché questi primati sono costretti a dei movimenti lenti e a lunghe ore di ozio trascorse sopra i rami dell'immensa foresta verde.

La cosa però pone un problema non da poco: come pulire il proprio giaciglio dalle conseguenze del "saluto al sole"?

Le povere scimmie, non potendo sforzarsi troppo, non sono in grado di realizzare un lavoro così impegnativo. Se faticare è impossibile, urlare è invece consentito: ecco quindi che dalle loro gole fuoriesce, echeggiando per tutta la foresta equatoriale, un'onda sonora dalla potenza impressionante.

Di ramo in ramo, di tronco in tronco, questo suono si espande alla velocità di 1.237,68 chilometri all'ora per il bosco tropicale fino a colpire gli organi acustici dell'eroe dei colori della terra, il virtuoso delle puzze, l'animale che si è meritato un posto nell'Olimpo degli dei dell'antico Egitto, colui a cui è stata dedicata una statua in Australia e la cui figura campeggia su migliaia di cartelli stradali del Sud Africa. Che poi sarei, modestamente, proprio io.

A proposito, mi accorgo solo ora che non mi sono ancora presentato! Rimedio subito.

Il mio nome varia da luogo a luogo e da periodo a periodo. Nell'antico Egitto mi chiamavano "Khepri" e mi rappresentavano nelle tombe egizie. Per gli anglofoni sono "*dung beetle*", per voi europei "ruzzola merda", mentre per la comunità scientifica mondiale vengo definito con il nome di **SCARABEO STERCORARIO**.

Non a caso la mia vita trascorre interamente tra lo sterco, e pensate che non bevo neanche: l'acqua necessaria al mio metabolismo la estraggo direttamente dal mio cibo preferito!

Ora che sapete chi sono, vi invito a tornare nella foresta equatoriale americana nel momento in cui il sole inizia la sua conquista del giorno. È questo infatti l'esatto istante in cui la scimmia urlatrice scuote la foresta con il suo urlo terribile e i miei compagni e io ci precipitiamo in massa verso la foce delle onde sonore. Lo facciamo con uno scopo ben preciso: sappiamo che ad attenderci ci sarà una lauta ricompensa, chilogrammi e chilogrammi di cacca fresca e ricca di fibre.

Appena arrivati sui rami, nel giaciglio delle scimmie, inizia la nostra giornata di lavoro e il nostro compito viene svolto con efficienza, determinazione e professionalità.

Cominciamo a muovere le zampette velocemente fino a ridurre gli abbondanti escrementi in numerose palline che portiamo a terra e che poi facciamo rotolare per qualche metro. Lo scopo è quello di individuare del terreno soffice per poterle interrare. Ma prima di affidare le palline alla Madre Terra, le femmine depongono al loro interno un uovo. Il fertile suolo della foresta si prenderà cura dei piccoli stercorari che si nutriranno del lascito dei genitori, diventeranno delle pupe e quindi degli adulti pronti ad affrontare il mondo.

L'intera operazione ha due effetti: il giaciglio delle scimmie risulta pulito, e i coleotteri hanno a disposizione abbondante nutrimento.

Sì, lo so, ancora non si vedono i fili che collegano queste faccende con i tre colori che illuminano il mondo e l'aria che respiriamo. Per srotolarli dobbiamo passare ancora un po' di tempo con le scimmie urlatrici della foresta equatoriale.

Come vi ho già detto e ridetto, i primati impiegano il loro tempo in un'unica attività: mangiare foglie ricche di fibre ma povere di nutrienti. Ecco perché, talvolta, hanno bisogno di integrare la loro dieta con dei frutti zuccherini che, oltre a essere buonissimi, forniscono l'energia indispensabile per la vita.

Sappiamo però che alle scimmie non è consentito fare fatica, ecco perché prelevano solo i frutti a portata di braccia. Una volta ingerito, il destino del frutto è segnato: il potente apparato digestivo delle scimmie si prende cura della polpa digerendola e, nel contempo, accompagna gentilmente i semini verso l'uscita sospingendoli con i delicati e armonici movimenti della peristalsi. I semi, quindi, dopo un viaggio piuttosto lungo passato nella pancia delle scimmie, si trovano alla luce dei pochi raggi del sole della foresta, in una posizione non proprio adatta alle loro esigenze, cioè sull'alto dei rami.

Alla mattina però tutto cambia: l'urlo del risveglio delle scimmie richiama noi coleotteri stercorari che arriviamo in massa, impastiamo gli escrementi con i semini, li portiamo in basso sulla superficie terrestre e quindi li interriamo.

La Madre Terra si prenderà cura sia dei figli degli insetti corazzati sia di quelli delle piante, che diventeranno adulti anche grazie al concime naturale donato dalle scimmie urlatrici.

Dal suolo spunteranno delle nuove piantine che, dopo essere cresciute, formeranno il muro verde che separa il cielo dalla terra e che fabbrica la maggior parte dell'aria che respiriamo in questo momento.

L'anidride carbonica verrà tolta dall'atmosfera, l'ossigeno rilasciato e i tre colori accenderanno il nostro pianeta, che porterà avanti la frenetica e meravigliosa pulsazione della vita!

Ora però lo sappiamo: prima di risplendere puri e limpidi, il bianco, il verde e l'azzurro devono un po' sporcarsi, e lo fanno grazie a me, l'insetto dai gusti discutibili che ha un posto riservato nell'Olimpo degli dei, a cui è stata dedicata una statua in Australia e che viene raffigurato su migliaia di cartelli stradali in Sud Africa.

Chi ha generato quest'aria fresca che ci solletica le narici rimane avvolto nel mistero, così come rimane sconosciuto il momento in cui, dagli stomi di una foglia immersa nella chioma di una foresta, è stato espulso l'ossigeno, un elemento fondamentale per la nostra vita. Quello che però possiamo fare è risalire, seppure in modo vago, al luogo di provenienza che è, per una discreta percentuale, il centro e il sud America e la sua foresta.

Ora riprendo il cammino alla ricerca di terreno soffice dove riporre la mia pallina di escrementi. Vi auguro una buona passeggiata, ma ricordate: probabilmente incontrerete tanti organismi forse più belli ed eleganti di me, ma sicuramente meno importanti!

3

LA VOCE REALISTA DELLA ROSA

Davvero simpatico lo scarabeo stercorario, anche se forse è un tantino egocentrico e mi pare che sovrastimi leggermente il suo ruolo nella natura. Chissà, magari tutta questa storia del dio dell'antico Egitto gli ha montato la testa!
E mentre lui con la sua pallina si allontana convinto che tutto sul pianeta dipenda dal suo lavoro, direi che per noi è il caso di cambiare aria. Basta con gli odori sgradevoli, basta con le puzze, adesso ci meritiamo di respirare a pieni polmoni dell'aria fresca e profumata... Scendiamo di qualche metro dalla collina e dirigiamoci verso quella macchia di colore che si intravede.

Si tratta, ne sono sicuro, di una siepe composta da varie piante di rosa. E se lo stercorario è il re delle puzze, la rosa è la regina dei fiori e quindi dei profumi!
Avrà anche lei qualche storia da raccontarci? Scopriamolo direttamente insieme a lei.

Buongiorno, finalmente vi siete staccati da quel megalomane dello stercorario. Chissà quante storie romanzate vi ha raccontato! Io invece sono l'esatto contrario: sono obbiettiva, una realista convinta, tant'è che esiste addirittura una scienza dedicata a me, alla mia storia e alla mia leggendaria bellezza: la rodologia.

Sono la **ROSA** e i miei fiori splendono nei giardini di tutto il mondo e sono formati da una corona di petali addossati l'uno sull'altro in un gioco di colori che può variare dal rosso al rosa, dal bianco al marezzato, fino addirittura al nero, come nel caso di quel famosissimo esemplare di Halfeti, un piccolo paesino della Turchia.

La mia storia, secondo il parere dei rodologi, è iniziata in un prato cinese milioni di milioni di anni fa. Quando gli uomini mi videro per la prima volta si innamorarono perdutamente di me.

D'altra parte, come dargli torto?

Per avere la mia bellezza sempre accanto, mi coltivarono nei pressi delle case. E fu così che, di giardino in giardino, di prato in prato, arrivai nel Medio Oriente, dove venni coltivata - egregiamente - dalle popolazioni arabe.

Nel frattempo gli anni rotolavano uno sull'altro, tanto

che presto si giunse al 1096 quando scoppiò, proprio in Medio Oriente, una cruenta guerra divenuta nota ai posteri con il nome di "prima crociata".

E mentre le battaglie imperversavano in quell'angolo del pianeta, io, incurante delle brutture del mondo, continuavo a spandere i miei colori e il mio profumo nei vostri giardini. La mia bellezza si fece strada ed entrò nel cuore dei crociati europei, che raccolsero qualche mio seme, li portarono in Europa e iniziarono a coltivarli a casa loro.

Di nuovo gli anni passarono velocemente, io con i miei fiori ci diffondemmo un po' ovunque nel Vecchio Mondo. Tutto sembrava scorrere come sempre, ma una nuova rivoluzione avrebbe ben presto cambiato i miei petali e il mio profumo.

A metà del Settecento, infatti, un gruppo di botanici europei si recò in Cina dove scoprì, nel bel mezzo di una radura nascosta da una foresta, una rosa davvero particolare. I petali di quella pianta brillavano di un rosso acceso (colore piuttosto raro nel mondo di noi fiori) e avevano un profumo semplicemente meraviglioso! Quello che i botanici avevano trovato era il fiore perfetto per cantare l'amore, il sentimento umano che, più di tutti, ha bisogno di una costellazione di linguaggi per essere espresso.

Quella rosa era perfetta anche da un altro punto

di vista: essa non fioriva solo una volta all'anno ma due, tre o addirittura quattro volte. Cosa volere di più da un fiore?

Fu portato in Europa dove venne battezzato con il nome di "rosa tea selvaggia di Burma". Esperte mani di giardinieri la ibridarono con me, ottenendo un'immensa varietà di rose, proprio quelle che oggi potete osservare nei giardini di tutto il mondo.

Vi è piaciuta questa storia?

È quella che raccontano i rodologi, gli scienziati che - a parer loro - conoscono tutti i miei segreti.

Eppure questa loro versione, anche se corretta, rappresenta solo la capocchia di uno spillo, la parte emersa dell'iceberg delle mie vicende terrene.

La mia storia, in realtà, è più complessa e risiede solo in parte nelle vostre mani da giardiniere. Quello che mi è successo veramente e che mi ha resa così bella e profumata, lo si può osservare ogni primavera quando i miei boccioli sono gonfi e i sepali non riescono più a trattenere l'esplosione di colori e di profumi.

Se voi uomini amate la mia bellezza esteriore, che mi ha fatto viaggiare di giardino in giardino, esistono dei piccoli insetti verdi che preferiscono di gran lunga la mia bellezza interiore. Infatti, se fuori di me splendono colori e profumi, dentro i miei vasi scorre un liquido ricco di zucchero.

Questi animaletti verdi sono gli afidi, che amano talmente la mia dolcezza interiore da rimanere immobili per ore e ore con il loro apparato boccale (del tutto simile a una vostra siringa) conficcato nei miei tessuti vegetali. Una condizione piuttosto pericolosa per degli insetti piccoli, privi di armi e dolci come il miele.

I vostri giardini sono infatti luoghi affollati da belve feroci, pronte ad assaltare quei teneri e indifesi animaletti.

Ed ecco che il primo predatore si palesa facendo man bassa degli afidi. Si tratta della coccinella, l'insetto dalla livrea rossa punteggiata di nero che nasconde un animo talmente feroce da divorare ben cinquanta vittime al giorno. Le forme giovanili delle coccinelle sono simili nel carattere ai genitori, ma molto diverse nell'aspetto. Se da una parte anche loro banchettano con gli afidi, dall'altra assomigliano a dei piccoli coccodrilli allungati di colore nero, talvolta con delle bande laterali arancioni o rosse.

Le coccinelle non sono gli unici nemici degli afidi: attirate dal facile pasto, arrivano presto anche le crisope, insetti il cui adulto ha zampe lunghe ed esili, antenne filiformi e un corpo delicato provvisto di ali trasparenti e iridescenti. Le larve, invece, sono allungate e dotate di un apparato boccale chiamato forcipe: una sorta di tenaglia che utilizzano per afferrare gli afidi e svuotarli del loro contenuto. Non solo: per aggirarsi indisturbate in mezzo ai "branchi" di erbivori, le larve di crisope si rivestono con le carcasse delle loro vittime, assumendo l'aspetto di un gruppetto di innocui insetti vegetariani.

A unirsi alla legione di predatori arrivano ben presto anche i sirfidi, mosche colorate come le api o le vespe le cui larve si nutrono dei pidocchi delle piante; e poi gli afidolete, dei piccoli moscerini le cui forme giovanili sono predatrici proprio di afidi, e tanti tanti altri...

Interrompo l'elenco per presentarvi il vero nemico dei piccoli insetti verdi amanti della mia dolcezza. Non si tratta di un predatore, ma di uno speciale parassita chiamato "parassitoide", che porta alla morte, contrariamente ai precedenti che debilitano le proprie vittime senza però ucciderle.

I parassitoidi sono delle vespe con una livrea nera o metallizzata e sono sempre in fibrillazione. Il loro nervosismo si nota in particolare nelle antenne in perenne movimento.

Cosa cercano? Gli afidi ovviamente, e le movenze agitate delle antenne hanno lo scopo di rilevarne la presenza.

Attenzione, però! Il loro organo di senso non percepisce direttamente l'odore degli erbivori, ma piuttosto un profumo emesso da noi rose. Infatti, quando "sentiamo" le siringhe affilate degli afidi che affondano nei nostri teneri germogli, non rimaniamo certo inerti come dei "vegetali" e nemmeno porgiamo l'altra guancia. Tra le nostre strategie di difesa c'è quella di liberare nell'aria una voce costituita da una sostanza volatile impercettibile al vostro olfatto ma ben rilevabile dalle antenne dei parassitoidi.

I feroci insetti del prato risalgono la scia odorosa fino alla sua fonte per trovare, immancabilmente, centinaia di afidi intenti a rubare la linfa elaborata della nostra pianta. Le femmine delle vespe allora sorvolano in fretta le colonie di afidi erbivori e poi, di tanto in tanto, scendono in picchiata per colpire con il loro ovopositore a forma di lancia le loro vittime.

Finito l'attacco, tutto torna a un'apparente normalità: gli afidi rimasti continuano a succhiare la linfa elaborata, le coccinelle e gli altri predatori riprendono la loro attività e il sole appare e scompare nella volta celeste. Eppure, mentre nel mondo esterno tutto continua ad andare come al solito, sotto la soffice cuticola degli afidi si racconta un'altra storia...

La femmina di parassitoide, durante l'attacco aereo, ha deposto un uovo all'interno del corpo dell'afide. Dall'uovo sguscia una larva microscopica che inizia a nutrirsi dell'emolinfa - il sangue degli insetti - del suo ospite. Di giorno in giorno, la larva, racchiusa nel suo involucro vivente, cresce sempre di più, mentre all'esterno tutto procede nella più totale indifferenza.

La terribile realtà dei fatti si palesa all'improvviso quando la larva, ormai matura, si trasforma in una pupa e l'afide in una mummia: un insetto morto, dalla forma tondeggiante e colorato di marrone chiaro. Al suo interno giace ancora la pupa che però, in poche ore, si trasforma in un adulto e si apre un varco nell'involucro ormai secco. Appena uscito, si dilegua nel mondo esterno muovendo nervosamente le antenne per ascoltare la voce di una nuova rosa da difendere.

Gli scienziati hanno chiamato questi profumi, per voi umani impercettibili, "sostanze SOS": il loro significato biologico è quello di attirare i parassitoidi e quindi di liberare noi rose dai nostri nemici.

A questo punto sorge spontanea una domanda: come hanno fatto gli afidi a sopravvivere per milioni di anni nonostante questa schiera di nemici?

Per di più essi non possiedono - almeno così sembra - delle difese: non hanno artigli, né corna e neppure pungiglioni.

Tuttavia, come potrete notare ogni primavera, questi animaletti prosperano su noi rose e su tante altre piante e addirittura, secondo il parere di molti entomologi, la specie più dannosa alle colture agrarie appartiene proprio a un afide.

Evidentemente questi insetti sanno difendersi e lo sanno fare molto bene, visti i risultati. Il problema - per voi uomini che vedete il mondo in modo molto diverso - è che usano dei metodi talmente differenti dai vostri da risultare invisibili.

La loro principale difesa consiste nell'attenta selezione dei generi: guardando infatti una popolazione di questi insetti, si nota che è composta unicamente da individui di sesso femminile, i maschi non esistono. Gli afidi riescono comunque a mettere al mondo dei figli grazie a un processo chiamato "partenogenesi", in cui le femmine possono fare figli da sole senza il bisogno di inutili maschi. La cosa è solo in apparenza strana, visto che nel mondo degli insetti è piuttosto comune, per esempio tra le vespe, le api, le formiche e le cocciniglie.

Ma non finisce qui, anzi... I pidocchi delle piante non depongono le uova come fanno tutti gli insetti, ma partoriscono direttamente le loro figlie, proprio come i mammiferi. E non solo: la figlia appena nata è già incinta ed è pronta a mettere al mondo, dopo poche ore, un'altra figlia.

In pratica, quando un afide diventa mamma, nel giro di poche ore si trasforma in nonna e bisnonna! Questo meccanismo prende il nome di "inscatolamento delle generazioni" e nella pratica si traduce in milioni e milioni di individui generati in pochissimo tempo. Infatti, tutti gli elementi della popolazione sono in grado di fare figli e tutti hanno una capacità riproduttiva straordinaria.

Ecco quindi spiegato il motivo per cui un nostro bocciolo si riempie, in pochi giorni, di un grumo di afidi ammassati l'uno sull'altro. Ed è proprio questo il loro metodo di difesa: le legioni di nemici ne possono predare quanti vogliono, ma non riusciranno mai a frenare il loro impressionante tasso riproduttivo.

Ma cosa c'entra tutto questo con la vera storia di noi rose?

Per capire il filo che collega il presente con il passato dovete pazientare ancora un poco.

Per adesso continuiamo a osservare gli afidi intenti a succhiare la mia linfa. Per soddisfare il loro metabolismo, questi insetti sono costretti a suggere litri di questa mia sostanza povera di proteine ed esageratamente ricca di zuccheri. Ecco perché gli afidi devono eliminare gli zuccheri, e lo fanno attraverso una sostanza chiamata "melata": un liquido appiccicoso e dolce che cade sulle foglie e sugli altri organi vegetali ricoprendoli con una sottile pellicola trasparente.

In natura, però, vale la legge per cui lo scarto di uno è una risorsa per un altro, e visto che l'avanzo degli afidi è dolce come il miele, figuriamoci cosa succede... Subito arrivano degli organismi affamati di zucchero!

Le fumaggini, per esempio, sono dei funghi che sfruttano le sostanze nutritive della melata per crescere rigogliosi ricoprendo le mie foglie con una patina di muffa scura.

Ma prima delle fumaggini, ecco che giunge sulla vegetazione ricoperta da melata un popolo femminile ghiotto di zucchero e con un carattere belligerante.

Sono le formiche, che avete incontrato poco fa. Queste guerriere non si limitano a raccogliere direttamente la melata; loro hanno imparato, primavera dopo primavera, anno dopo anno e millennio dopo millennio, a relazionarsi con gli afidi in modo da trarre un vantaggio reciproco.

Le formiche infatti non si riforniscono di melata da noi piante, ma la prelevano direttamente dall'insetto produttore: l'afide, appunto. Con le antenne, le guerriere del prato tamburellano l'addome degli afidi succhiatori di linfa, che reagiscono emettendo una gocciolina di sostanza zuccherina che subito viene ingurgitata. Detto in altre parole: le formiche hanno imparato a mungere gli afidi!

La cosa ha un vantaggio anche per gli animaletti verdi, che ricevono una protezione di grande qualità: se per caso, infatti, arriva una coccinella, oppure una crisopa, o un parassitoide, o un altro predatore, esso verrà scacciato immediatamente dalle formiche a suon di mandibole.

Ma non è tutto: quando la mandria di afidi ha ormai esaurito il "pascolo", cioè un getto della pianta, allora le formiche li prelevano con le loro mandibole e compiono una transumanza in miniatura: li trasportano sopra un altro organo vegetale ancora fresco e ricco di linfa elaborata.

L'amicizia tra questi due insetti continua anche con l'arrivo del gelido inverno: quando le temperature calano, le formiche prelevano gli afidi e li portano al di sotto della superficie terrestre, un luogo al riparo dagli agenti atmosferici ma anche dai potenziali nemici. Grazie a questa simbiosi, il popolo sotterraneo delle formiche dispone di abbondante nutrimento durante la bella stagione. In inverno, però, non succhiando la nostra linfa elaborata, gli afidi non producono la melata. Di cosa si nutrono quindi le formiche, quando le erbe del prato sono secche e gli afidi al sicuro nella loro "stalla"?

Nessun problema: prima dell'arrivo del grande freddo, le guerriere a sei zampe fanno scorta di semi delle piante, ricchi di amido ad alta conservabilità, che fungeranno da alimento nei mesi in cui non potranno uscire.

Ma se da una parte le formiche - grazie anche all'energetica melata - sono delle grandi lavoratrici, dall'altra il prato elargisce semi a profusione. Il loro magazzino è quindi talmente ricco di provviste che non si esaurisce completamente nemmeno durante l'inverno.

Niente va sprecato in natura, ve l'ho già detto, e quando finalmente la primavera splende di nuovo sopra al prato, i semi rimasti integri nel formicaio si trovano nelle condizioni perfette per germinare, dando origine a una moltitudine di piante che, con il passare del tempo, ricoprono il prato.

Come è noto, sono questi steli verdi il principale cibo di altri erbivori che non sono gli afidi ma i mammiferi che crescono sani e forti fino al sopraggiungere dell'inverno. A questo punto, saremo noi rose a pensare ai mammiferi: da una parte li abbracceremo con gli steli pieni di spine per proteggerli dai predatori, dall'altra li nutriremo con i cinnorodi ricchi di zucchero e di vitamina C, fondamentale per non ammalarsi. Gli erbivori ci ricambiano il favore trasportando lontano gli acheni.

Ed è così che, di intestino in intestino, di animale in animale, noi rose abbiamo allargato il nostro areale - la zona di diffusione di una specie - fino a giungere in Medio Oriente, luogo di incontro con i guerrieri crociati che ci hanno portate in Europa.

Ma la storia non è ancora finita e per andare avanti dobbiamo fare, come spesso succede anche nella vita, un passo indietro.

Torniamo quindi al nostro prato in primavera e ai nostri boccioli gonfi di petali, di afidi e di melata. Questa sostanza non attira solo le formiche, ma anche un altro popolo femminile che ha fatto del gusto dolce la sua grande virtù. Il suo prodotto principale è talmente zuccherato che prende il nome di "nettare degli dei". Sto parlando del popolo definito "figlio del sole", quello delle laboriose api da miele, che si tuffano a centinaia sui nostri getti infestati per raccogliere la melata e trasformarla in miele.

Grazie a questa importante risorsa, il popolo delle api cresce a dismisura, si fortifica ed è pronto a fronteggiare il lavoro estivo nei campi: cioè raccogliere da noi fiori litri e litri di nettare che poi trasformeranno in miele.

Tra i fiori visitati da questi importanti insetti ci siamo anche noi rose, perlomeno quelle selvatiche, che gli affidiamo i pollini assicurando in questo modo la fecondazione. Dalla fecondazione si origina il cosiddetto "cinorrodo", che è una sorta di frutto rosso, zuccherino e ricco di importatnti sostanze minerali tra cui la vitamina C.

Questo falso frutto attira numerosi uccelli e mammiferi che se ne nutrono e affrontano l'inverno carichi della sua energia e, insieme, trasportano lontano dalla nostra pianta madre i suoi acheni, che dal terreno fertile germineranno dando origine a una nuova pianta di rosa.

Gli uccelli non vengono attirati solo dai nostri falsi frutti: anche l'andirivieni degli insetti che si muovono attorno agli afidi rappresenta una fonte di cibo ricca di proteine, importantissima per la salute di questi animali e quindi per la efficiente dispersione dei nostri semi.

Di prato in prato, di giardino in giardino, la nostra pianta è così partita dalla Cina ed è arrivata in Medio Oriente, dove è stata presa dai crociati e quindi portata in Europa.

Manca ancora un piccolo tassello prima di concludere la mia storia nella versione della natura e delle sue voci. Dobbiamo infatti ancora scoprire chi ha dipinto i miei petali in modo così mirabile e chi ha posizionato un profumo così suadente all'interno dei miei calici.

La risposta è una e una soltanto: è stata la mia storia a colorare e a profumare i fiori.

Le piante del prato, infatti, vogliono a tutti i costi accaparrarsi i servizi dell'ape che è, come vi ho detto, il migliore tra gli impollinatori. Ecco allora che esse danno inizio a una competizione tra di loro combattuta a suon di petali colorati e di profumi suadenti. Il vincitore sarà il più bello e quello con le molecole volatili più gradevoli.

È chiaro che sul podio delle piante del prato ci sono io: l'attraente rosa o, per lo meno, la mia versione selvatica da cui sono nate tutte le altre. Ed è anche chiaro che la mia bellezza la potete trovare nei fiori sotto forma di tinte, ma anche nei miei calici ricchi di nettare, oppure nei vasi in cui scorre il mio liquido zuccherino.

Però io sono convinta che la mia vera anima, quella che mi ha reso così invidiata da tutti gli altri fiori, la potete trovare attorno ai fili antichissimi e intricati che mi hanno generata e che ancora potete ascoltare semplicemente annusando il profumo dell'aria. Proprio quell'aria di cui non sappiamo nulla: da dove proviene, quando è stata eliminata da uno stoma di una pianta e che forse è stata in gran parte prodotta da una foresta posta a migliaia di chilometri da noi.

4

LA DUPLICE VOCE DEL FINOCCHIO SELVATICO

Dopo i racconti della rosa, possiamo riprendere la nostra passeggiata e ascoltare altre voci provenire dal prato. Un immenso chiacchiericcio esce dai fiori, dall'erba bagnata, dalle sostanze organiche in decomposizione, dai canti degli uccelli, da quello delle cicale e delle cavallette. In mezzo a questa ragnatela di voci ne emerge una fresca, contraddistinta da un leggero sentore di liquerizia, che proviene da quel fosso inondato dal sole.
Avviciniamoci per ascoltarla meglio...
A "parlare" è una pianta erbacea sormontata da una infiorescenza a forma di ombrello con tanti fiorellini bianchi. Si tratta di un vegetale piuttosto comune

in tutte le zone del bacino del Mediterraneo, perché ama il sole e il Sud.
In realtà, esistono delle varietà di questa pianta che crescono anche al Nord e in montagna.
Vi presento un'erba conosciuta e apprezzata fin dall'antichità che, con le sue molecole volatili, ha sicuramente tante storie da raccontarci.

In effetti è proprio così! Ciao a tutti, piacere di incontrarvi su questo prato, sono il **FINOCCHIO SELVATICO**.

Il mio profumo è la mia voce e ha tanti significati, che variano a seconda di chi li riceve.

Per esempio, per voi e i vostri simili io racconto storie virtuose, legate a una medicina chiamata anetolo (la sostanza aromatica che scorre in alcuni miei vasi), che allevia i vostri dolori di stomaco, aiuta il vostro intestino e rende il latte delle neo mamme più gustoso e capace di prevenire le fastidiose coliche dei neonati. Ecco perché voi esseri umani raccogliete i miei semi e li immergete nell'acqua bollente fino a ottenere delle tisane corroboranti e dal gusto gradevole. Non solo: l'anetolo è anche saporito e si abbina perfettamente ad alcuni vostri cibi come la pasta con le sarde ma anche il pane che, grazie a me, assume una fragranza particolare.

Talvolta, lo ammetto, il sapore fortemente aromatico dei miei semi o dei miei steli è un tantino esagerato. Infatti, fin dal millecinquecento, voi esseri umani avete raccolto le piante con una quantità di anetolo piuttosto bassa e, contestualmente, provviste di un ampio grumolo. Quest'ultimo è

una struttura posta alla base del mio fusto e costituita da guaine fogliari che diventano carnose. Di anno in anno e di selezione in selezione si è ottenuto, in questo modo, il finocchio coltivato: proprio quello che voi mangiate in pinzimonio o in insalata, oppure cucinate al forno o a vapore.

Attenzione, però: il mio sapore forte è stato usato anche per "infinocchiare", nel vero senso della parola, le persone. Anticamente, infatti, i produttori disonesti di vino offrivano spicchi di finocchio ai potenziali compratori prima dell'assaggio. L'anetolo contenuto nel grumolo modificava leggermente la percezione dei sapori, nascondendo così il gusto di un vino di pessima qualità o addirittura ormai prossimo all'acetificazione.

Grazie alle mie virtù, voi uomini mi coltivate da sempre nei vostri giardini: compaio, per esempio, nei Giardini Pensili di Babilonia, in Mesopotamia, un luogo così bello da entrare di diritto tra le sette meraviglie del mondo.

La città di Babilonia è considerata la prima vera megalopoli della storia dell'uomo dato che, secondo il parere di alcuni studiosi, i suoi abitanti arrivavano addirittura a centomila, un'enormità per una civiltà vecchia più di tremila anni.

Visto che era un crogiolo di culture, a Babilonia si parlavano tante lingue diverse, e da lì è nato il mito della Torre di Babele, un luogo nel quale le voci erano così numerose che capire chi diceva cosa non era affatto banale.

Ma i messaggi erano complicati da comprendere non solo per le strade della capitale. Anche nei suoi giardini pensili la natura parlava in così tanti modi che era difficile capire chi diceva cosa.

Una sorta di Babilonia verde, in cui io finocchio selvatico ricopro un ruolo fondamentale.

Come vi dicevo all'inizio, anche il significato del mio profumo varia a seconda di chi lo riceve. Per voi umani è un aroma delicato che indica una sostanza benefica eppure, quando viene rilevato dalle antenne di un insetto, esso mostra un panorama completamente differente.

Volete sapere quale?

Allora seguitemi tra le erbe del prato per conoscere da vicino un aspetto del popolo più numeroso del pianeta, quello che, più di tutti, ama i vegetali: la grande e immensa comunità degli insetti!

Dovete sapere che milioni e milioni di anni fa, la terra venne colonizzata prima dalle piante e poi dai piccoli artropodi, progenitori degli insetti.

Tra i due gruppi di organismi si scatenò fin da subito una vera e propria guerra: da una parte erano schierati gli insetti, con la chiara intenzione di strappare gli organi delle piante, e dall'altra i vegetali, apparentemente privi di armi.

Questa guerra antica non si è ancora conclusa e si sta combattendo anche adesso, in tutto il mondo e, ovviamente, anche in questo prato.

Ma quanto mangia questo popolo in miniatura?

Prendiamo come esempio i bruchi, le forme giovanili delle farfalle. Ogni bruco ha bisogno di mangiare ogni giorno una quantità di erba pari a dieci volte il proprio peso! Ecco perché dall'alba al tramonto essi si nutrono senza sosta: hanno una fame davvero famelica!

Ma non è tutto: mentre gli esseri umani, e in generale i mammiferi, riescono a sfruttare solo una piccola parte dei vegetali, i bruchi, come molti altri insetti, sono capaci di processarne le radici, la linfa elaborata, il polline, e in alcuni casi perfino il legno, una sostanza tra le più indigeste che esistano in natura. Ora, se proviamo a moltiplicare il quantitativo di cibo consumato quotidianamente da un bruco per le duecentomila specie di farfalle esistenti, otteniamo un numero molto alto. Se poi continuiamo a moltiplicarlo per i miliardi di miliardi di individui che appartengono a ciascuna delle duecentomila specie, il risultato è una cifra da capogiro. Non è finita qui: a questo numero dobbiamo sommare anche la quantità di vegetale consumata da tutti gli altri insetti, e quindi il numero già incalcolabile diventa ancora più gigantesco.

Sotto un attacco del genere, potremmo supporre che il mondo vegetale abbia perso la guerra e che quindi si sia estinto. Nulla di più falso!

Come abbiamo detto, le piante sono ancora vive e *vegete*, ricoprono gran parte del nostro pianeta con il loro manto verde e stanno combattendo la guerra infinita contro gli insetti.

Le piante devono quindi possedere delle armi efficienti da usare contro le fameliche mandibole degli insetti. Proprio così: le nostre armi sono tante, anche se spesso invisibili, come quella che uso io e che, indovinate un po', è la stessa che voi usate per mitigare i dolori di stomaco o per migliorare il vostro latte. L'anetolo, infatti, è benefico se ingerito a basse dosi, mentre diventa un veleno terribile se assunto in quantità elevate. Tale sostanza agisce sia sul minuscolo cervello degli insetti riempiendolo di immagini allucinate e illusorie, sia sul loro stomaco, bloccandolo.

Ora provate a connettere la mia tossicità (se vengo assunto in grandi dosi) con il formidabile appetito degli insetti e capirete a cosa servo: chi osa nutrirsi di me è destinato - paradossalmente - a morire di fame, perché non riesce più a processare il cibo mentre il suo cervello gli invia dei messaggi totalmente sballati.

Però, devo aggiungere in mia difesa, io di base sono un tipo pacifico e non voglio fare del male a chi non mi attacca, motivo per cui uso la mia voce per avvertire i potenziali nemici. Proprio per questo l'anetolo è profumato. Questa voce, nel mondo degli insetti, significa: "Attenzione, non provarci neanche!".

Ma quindi chi ha ragione? Il vostro olfatto che vi racconta storie di tisane calde e benefiche, oppure le antenne degli insetti che invece raccontano di guerre antiche e intestine?

Entrambi. Anche se, a essere onesti, mentre il messaggio per voi è accidentale, quello per gli insetti è originario. L'anetolo infatti scorre nei miei vasi per proteggermi dalle

loro mandibole e non certo per alleviare il vostro dolore di stomaco. Questo è un effetto secondario, non voluto e del tutto casuale.

Alcuni miei parenti strettissimi non mandano un doppio messaggio e nel loro caso il profumo dice una cosa sola e la dice per tutti: "Non mi toccate nemmeno, altrimenti morirete soffrendo le pene dell'inferno".

Un esempio tra tutti è la cicuta, una pianta che appartiene alla mia stessa famiglia e che è in guerra sia con voi sia con gli insetti. È sufficiente ingerirne una fogliolina per spedire un uomo adulto nell'aldilà, figuratevi un piccolo animale a sei zampe!

La cicuta è una pianta tipica della macchia mediterranea, ma vive anche in montagna. Il suo carattere aggressivo è conosciuto fin dall'antichità. Voi esseri umani l'avete usata - e non poche volte - come strumento di morte per spedire i vostri simili "il più lontano possibile".

In particolare è famoso un caso di morte per avvelenamento da cicuta. Sto parlando della morte di Socrate.

Socrate era un filosofo greco, vissuto circa quattrocento anni prima della nascita di Cristo, che aveva sviluppato un metodo rivoluzionario, chiamato "maieutica", per estrapolare la verità da tutte le persone.

In pratica egli aveva dimostrato

che la verità non è un ideale nascosto nel cielo ma che, semplicemente, vive dentro ognuno di noi e può uscire allo scoperto grazie alle parole.

La verità però talvolta è scomoda. Ecco perché alcuni politici incapaci e con poca intelligenza si sentivano minacciati dal messaggio di Socrate, in grado di dare lo stesso valore a tutti gli uomini, anche agli schiavi. Per questo motivo fecero imprigionare il filosofo, che avrebbe potuto riguadagnarsi facilmente la libertà se solo avesse abiurato, se cioè avesse rinnegato il suo messaggio dicendo che non era vero.

Socrate aveva passato la vita in nome della verità e piuttosto che nasconderla e tradirla preferì la morte: si fece così preparare una tisana a base di cicuta per passare a miglior vita, ma anche per diffondere il messaggio che "il vero è democratico e tutti vi possono accedere".

Lasciamo per un attimo il povero Socrate agonizzante nel nome della verità, e torniamo nei Giardini Pensili di Babilonia.

Come dicevo, la città era una grande metropoli e sicuramente venne visitata anche da alcuni ebrei, che riportarono in patria il racconto di questi luoghi paradisiaci. Talmente paradisiaci che sembra sia nato così il mito del giardino dell'Eden: un'oasi di pace ricca di vegetazione, di animali, ma anche di grande bellezza tanto da essere scambiata per il Paradiso Terrestre dove, secondo la Bibbia, nacquero Adamo ed Eva, e che ha originato tutta la nostra civiltà.

La cura dei giardini passa poi in Persia, quindi in Grecia e infine a Roma, dove io e altre piante belle e medicamentose possiamo crescere rigogliose.

È qui che il giardino diventa anche un *locus amoenus*, un luogo felice nel quale coltivare non solo le piante ma anche il pensiero ed elevare lo spirito. Insomma, noi piante non facciamo bene solamente alla pancia ma anche al cervello!

La salute del corpo va a braccetto con la salute dell'anima e l'elisir che salva lo spirito sono proprio la verità e la bellezza.

Questo concetto evidentemente era chiarissimo anche al povero Socrate che, proprio nel momento in cui la luce della vita stava per lasciarlo grazie alla cicuta, dedicò il suo ultimo pensiero ad Asclepio, il dio che impiegò la sua intera vita a salvare quella degli uomini, anche se miseri mortali.

Asclepio era il dio della medicina, arte che gli era stata insegnata dal centauro Chirone in persona. Ma questa è un'altra storia che magari un giorno vi racconterò.

La voce della natura, fatta di vita e di morte, viene in qualche modo sottolineata da Socrate, che ci dice che le anime bisogna salvarle dalle menzogne, mentre i corpi si curano con le piante, esattamente come faceva Asclepio.

La storia dei profumi delle piante e delle voci degli uomini si intreccia ancora di più con quella dei figli di Asclepio e in particolare con uno dei suoi figli maschi, Macaone.

Egli imparò le arti di guaritore dal padre e da Chirone e divenne un fiero guerriero che combatté in tante battaglie, tra cui quella famosissima di Troia al fianco di Ulisse.

Al pari del figlio di Asclepio, ci sono tanti insetti che non si danno per vinti nella guerra contro noi vegetali e alcuni riescono a vincere non solo una battaglia ma addirittura la guerra.

Esiste un bruco di farfalla che è riuscito, nel corso dei millenni di evoluzione, ad annullare le mie armi - ma anche quelle della cicuta - e quindi può tranquillamente nutrirsi delle mie tenere foglie. Anzi, fa addirittura di più: così come per voi umani l'anetolo non è un nemico ma un amico, anche nello stomaco di questo bruco la sostanza profumata cambia radicalmente il suo significato. Non serve certo per curare i malanni di stomaco della larva, ma viene usato contro i suoi nemici. Per dirla in breve: il bruco prende l'anetolo, elimina la parte tossica per lui e la usa per combattere i suoi nemici. Come se un guerriero strappasse la spada di mano a un nemico e poi la usasse a sua volta contro i suoi avversari.

Questo bruco usa l'anetolo in due modi: il primo con gli *osmeterium*, due piccole antenne estroflettibili di colore arancione e dall'odore pestilenziale. Il secondo infarcendo i tessuti con le sostanze tossiche e repellenti.

Se un predatore si avvicina al bruco, deve prima fare i conti con l'aroma sgradevole e fortissimo emesso dagli osmeterium e poi, se decide di continuare comunque la caccia, con il sapore disgustoso delle carni velenose. Addirittu-

ra, se il bruco si è nutrito di foglie di cicuta, le sue tossine sono mortali. Ora, sapete come si chiama questo bruco e la farfalla che si sviluppa da esso?

Proprio come il figlio di Asclepio: Macaone. E proprio come lui, ha saputo tramutare i veleni in medicine e diventare un guerriero capace di sconfiggere delle piante così invincibili come la cicuta.

La storia non finisce qui: Macaone, anche se è un bruco guerriero, ama la pace e al combattimento preferisce l'armonia. Ecco perché avverte i potenziali predatori della sua pericolosità. Ma non lo fa con la voce profumata delle piante, il suo messaggio cambia lingua e diventa colore. Il bruco infatti è azzurro-verde e ha il corpo avvolto da anelli neri punteggiati di arancione.

Con questa voce colorata egli avverte del pericolo chi si vuole avvicinare. E tale voce viene donata anche agli esemplari adulti che si alzano in volo e colorano il cielo portando il messaggio di Socrate e Asclepio: il bene nel mondo.

Adesso il mio profumo vuole salutarvi, ma sono sicuro che durante la passeggiata incontrerete altri profumi, forme, colori che vi racconteranno storie magnifiche.

5

LA VOCE VARIOPINTA DEL FAGIANO

Le nostre narici hanno ascoltato tante parole profumate trasportate nell'aria da molecole volatili. Adesso è arrivato il momento di riprendere la passeggiata, fare riposare l'olfatto e dare voce a un altro senso, forse il più sviluppato dalla specie umana. Sto parlando, come avrete capito, della vista, che ci permette di osservare i colori della natura che ci raccontano le loro articolate storie.

Per esempio, il rosso, il giallo e il violetto dei frutti ci racconterebbero della loro polpa zuccherina e di come questa ha permesso loro di viaggiare in lungo e in largo per il nostro pianeta. Potremmo anche ascoltare il bianco, il violetto, l'azzurro, il rosso e gli

altri colori che escono dai petali dei fiori: essi ci parlerebbero di trame intricate fatte di inganni, ma anche di solidarietà tra specie e di come la vita cerca disperatamente di gettarsi avanti inventando nuove strategie per sopravvivere.
Invece, quello che faremo è ascoltare la voce del rosso acceso, del verde, del blu e dell'elegante collare bianco che adorna un uccello piuttosto grande che cammina per le campagne di mezzo mondo. Questo animale ha un volo incerto che usa solo quando è spaventato, oppure alla sera per raggiungere i rami bassi di un albero e riposarsi al sicuro dai suoi predatori. Il suo verso non è come quello degli altri uccelli, anzi... è un gracchio metallico davvero poco raffinato! Tutta la sua eleganza infatti è nel piumaggio che, come dicevo, è variopinto e vira dal rosso al verde al blu per finire con un collare bianco candido. Non tutti gli individui sono così colorati: solo i maschi lo sono. La livrea delle femmine è marrone-grigio perché possano mimetizzarsi tra le erbe e gli sterpi del prato.
Venite con me! Interroghiamo questo esemplare maschio che sta correndo verso di noi e che ha una voglia matta di raccontarci la sua storia.

Salve a tutti, innanzitutto mi presento: io sono un **FAGIANO** e vivo in questo prato ormai da diversi anni. In apparenza, la mia vita è abitudinaria e priva di ogni significato profondo: alla mattina scendo a terra dal mio ramo e passo la giornata alla ricerca di qualche seme. Non disdegno neppure gli insetti o i molluschi per integrare la mia dieta con delle proteine. In estate quella che scarseggia è l'acqua che però trovo, oltre che nei rigagnoli, anche nei semi non maturi e ricchi di un liquido spesso biancastro che è sia dissetante sia nutriente.

Passato il freddo inverno, in primavera la temperatura si alza nell'atmosfera ma anche dentro di me, e un inarrestabile istinto mi costringe a entrare in competizione con gli altri maschi per conquistare le femmine del prato.

Dopo qualche scaramuccia, balli frenetici e urla starnazzanti, la mia esistenza torna al solito tran tran quotidiano fatto di semi, insetti e molluschi. Le femmine, invece, costruiscono un nido in mezzo alla sterpaglia e depongono le uova, da cui sguisceranno tanti pulcini pronti a perpetuare l'eterno ciclo.

Eppure, questa monotonia è solo apparente: dietro i giorni sempre uguali, si nascondono tante storie, tutte legate al mio variopinto piumaggio.

Inizierò a raccontarvi del mio vero luogo di origine, che non è certo questo prato, ma si nasconde in qualche radura isolata del lontano Oriente. È lì che in un tempo antico e imprecisato sono apparso in questo mondo ricco di vita e di storie. Ed è da lì che sono partito e, di camminata in camminata, di volo sgraziato in volo sgraziato, ho allargato il mio areale fino a giungere nella depressione caspica, quel luogo posto al di sotto del livello del mare in cui splende il lago più grande del mondo o il mare più piccolo del mondo, scegliete voi come definirlo.

In questa regione contraddistinta da estati bollenti e gelidi inverni, io trascorrevo il tempo nel solito modo: mangiando semi, cercando le femmine e passando le notti sui rami per scampare ai predatori inchiodati alla dura superficie terrestre.

Di anno in anno, di secolo in secolo, arrivò il 58 a. C. e, proprio in quella fatidica data, giunse nel mio prato caspico un manipolo di uomini stranieri abbigliati in modo davvero insolito. Avevano il corpo rivestito da armature di pelle e metallo e con loro viaggiava uno stendardo su cui era disegnato un grande fulmine. Non a caso, questo gruppo di uomini si chiamava "Fulminata" ed era nientepopodimeno che una legione romana comandata dall'imperatore Gaio Giulio Cesare in persona!

Per raccontare la loro storia bisognerebbe far scorrere un immenso fiume di parole che andrebbe a riempire pagine su pagine di questo libro... Ma visto che io sono il protagonista di questa vicenda, di loro vi dirò solamente che, nonostante avessero conosciuto le brutture della guerra, non avevano perso la sensibilità alla bellezza. Fu il loro sguardo raffinato che mi notò e decise di prendermi e di portarmi nella capitale del regno: Roma.

Nella Città Eterna, e poi in tutta Italia, io avevo un unico compito: passeggiare tra le piante dei giardini delle grandi ville e, semplicemente, allietare la vista degli esseri umani con il mio variopinto piumaggio.

Se devo essere proprio sincero, i romani non apprezzavano solo i miei colori ma anche il gusto delle mie carni e talvolta finivo insieme ad altri ingredienti in qualche ricetta dell'antica Roma. Fortunatamente per me, però, a ribollire o a friggere nelle pentole romane finiva molto più spesso un mio cugino di origine indiana: il pollo. Questi uccelli non venivano apprezzati per il piumaggio, ma piuttosto per le carni tenere e gustose e per l'incredibile capacità di produrre un numero esageratamente alto di uova.

E quindi la mia esistenza trascorreva placida e serena nelle grandi ville e, di starnazzamento in starnazzamento, di camminata veloce in camminata veloce, i secoli si sono succeduti uno dietro l'altro facendo cadere l'Impero romano, coprendo il mondo dell'oscurità del Medioevo e accendendo di nuovo la luce nel Settecento fino ad arrivare al 15 agosto 1769, giorno in cui nacque ad Ajaccio la persona destinata a cambiare per sempre la mia vita. Fu lui, anche se indirettamente, a togliermi dai giardini delle ville e a mettermi nelle campagne di tutto il mondo. Dai campi e dai prati la mia popolazione si è espansa e oggi vivo anche nelle prime periferie delle grandi città.

La persona che ha cambiato il mio destino prende il nome di Napoleone Bonaparte, l'uomo che mise a fuoco e fiamme gran parte dell'Europa. Per oltre quindici anni in varie zone del vecchio continente si poteva sentire lo scoppiettio di qualche arma da fuoco. E non è un caso: l'esercito francese disponeva di una grande innovazione tecnologica: il fucile Charleville.

Poi finalmente la pace tornò a splendere su questo angolo di mondo e la violenza cessò. Ma l'economia doveva andare avanti e le fiorenti fabbriche di armi si chiesero come continuare la propria attività; visto che gli strumenti di morte non potevano più essere usati contro esseri umani, allora presero la mira per colpire i numerosi animali selvatici che si aggiravano per le campagne e i boschi dell'Europa. Dopo le guerre napoleoniche, iniziò quindi la caccia come attività di svago con l'utilizzo dei fucili e delle pistole. Il prezzo proibitivo delle armi, però, consentiva solo ai nobili di dedicarsi a questa attività ludica.

Avete capito dove voglio arrivare? Certo, siamo quasi giunti alla spiegazione finale del perché mi trovo qui in questo prato, lontano chilometri e chilometri dal mio areale di origine.

Ebbene, un colpo di fucile dopo l'altro, ecco che entriamo nel grande secolo delle innovazioni tecnologiche: il secolo in cui si passa ufficialmente da una produzione artigianale a una industriale. Mentre i prezzi delle merci crollano, il potere di acquisto del popolo aumenta, e uno degli effetti è che ai nobili si uniscono altre fasce di popolazione nell'esercito che combatte una guerra di piacere contro gli animali indifesi.

E tra i membri di questa armata da strapazzo, ci sono anche dei veri e propri inesperti: persone che non sanno sparare o che lo fanno in modo più che dilettantistico. Non solo, la selvaggina comincia paurosamente a diradarsi sia perché cacciata in modo massiccio, sia perché le campagne diventano sempre più semplici a livello ecologico e non possono più ospitare animali selvatici. E le foreste, che un tempo ricoprivano gran parte dell'Europa, iniziano a scomparire per lasciare spazio ai campi squadrati della moderna agricoltura.

Si pone quindi la domanda su come vendere le armi da fuoco anche senza nulla su cui sparare.

Ed ecco che entro in campo io con il mio volo incerto e i miei colori brillanti. Io divento la preda perfetta per quell'orda dilettantistica che si riversa nelle campagne alla domenica: da una parte sono lento e dall'altra mi si vede benissimo. E poi, se proprio devo dirla tutta, le mie carni cucinate sono davvero saporite. Ecco perché dai giardini delle ville aristocratiche passo agli allevamenti in batteria che assomigliano in tutto e per tutto a quelli dei miei cugini polli. Ma, mentre questi ultimi finiscono direttamente al macello, io vengo liberato in massa nelle campagne in attesa della legione di cacciatori della domenica pronta a scaricarmi addosso delle schioppettate per puro divertimento.

E mentre nelle campagne europee si odono ancora una volta i colpi da arma da fuoco, nelle grandi città e nelle università fa breccia la consapevolezza del disastro ambientale che si sta perpetuando.

I cacciatori diventano i bersagli dei movimenti ambientalisti e piano piano, con il passare degli anni, l'esercito di cacciatori dilettanti si disperde e finalmente i colpi dei fucili smettono di echeggiare.

Ma io nel frattempo ero in campagna e lì sono rimasto. Ho passato le giornate a cacciare insetti, cercare semi e appollaiarmi di notte sui rami bassi di qualche albero. In primavera ho di nuovo starnazzato e combattuto con gli altri maschi, sono nati dei pulcini che sono diventati sempre più numerosi, e ora eccomi qui: sono diffuso in tutte le campagne e sto piano piano colonizzando anche le periferie delle grandi città.

Ah, dimenticavo di dirvi una cosa: adesso non mi trovate più nei giardini delle ville. Il mio posto è stato preso da un uccello proveniente dall'India che, devo ammetterlo, ha dei colori ancora più belli dei miei. I maschi poi possiedono una coda talmente meravigliosa da far innamorare tutte le femmine del gruppo. Si tratta del pavone, ormai diffuso in ogni parte del mondo.

Bene, il mio tempo con voi è finito, vi saluto calorosamente e torno alle mie faccende. Ricordatevi: spesso dietro un'apparente monotonia si celano tante storie intrecciate.

Buona passeggiata e, mi raccomando, continuate ad ascoltare la voce della natura che vi racconterà insolite vicende!

Proprio mentre stiamo per salutare il fagiano che, diciamolo, è stato davvero gentile con noi, mi sovviene una domanda da rivolgere proprio a lui e alle sue piume colorate. Quindi, mentre quello zampetta via, lo richiamo e gli chiedo se ha ancora un po' di tempo da dedicarci.
"Scusi fagiano, lei ci ha raccontato di come i suoi colori l'hanno portata prima in giro per il mondo e poi qui in questo prato, ma non ci ha detto il motivo per cui i maschi sono così diversi dalle femmine. In particolare le vorrei chiedere: perché voi fagiani siete così belli, mentre le fagiane non lo sono particolarmente?"

La vostra domanda è pertinente e ha occupato, per un certo tempo, la mente del più grande naturalista di tutti i tempi: Charles Darwin!

Lo scienziato inglese, dopo aver viaggiato intorno al mondo, elaborò una teoria destinata a cambiare per sempre il modo di pensare di voi esseri umani. In sostanza, egli sosteneva che è l'ambiente a favorire o svantaggiare gli individui. Questo semplice fatto, srotolato per milioni e milioni di anni, ha come risultato l'incredibile ricchezza di vita che possiamo ammirare ogni giorno in ogni angolo del mondo.

Immaginate lo sconcerto che questa teoria scatenò a fine Ottocento: in pratica essa spiegava il mondo e la sua diversità di forme senza la necessità di un creatore divino.

La teoria ovviamente suscitò anche feroci critiche, alcune costruttive, altre ricche di pregiudizi.

Tra le prime c'era proprio quella che riguardava il diverso piumaggio degli uccelli maschi rispetto a quello delle femmine. Perché un maschio ha quei colori vivaci mentre, secondo la logica, dovrebbe mimetizzarsi per nascondersi dai suoi predatori? E perché mai sempre gli individui di sesso maschile dovrebbero addirittura adornarsi di pennacchi elaborati e code gigantesche? Basti pensare al pavone, che a causa della sua coda difficile da trasportare risulta alla completa mercé dei nemici.

Darwin pensò a lungo a quella critica e se ne uscì con una spiegazione che ancora oggi prende il nome di "selezione sessuale": oltre alla competizione per le risorse alimentari e gli adattamenti alle condizioni climatiche, i maschi lottano tra loro per conquistare le femmine. Gli spermatozoi, infatti, sono milioni, mentre le cellule uovo sono davvero poche. Ecco perché la femmina, avendo a disposizione poche "cartucce", deve scegliere attentamente il maschio, che per farsi notare mette in atto un vero e proprio arcobaleno di colori ma anche di forme, come la coda del pavone o i pennacchi di altri uccelli, oppure le corna degli stambecchi, dei cervi ma anche di molti coleotteri.

Le femmine non hanno bisogno di farsi notare, anzi: per loro è meglio confondersi con l'ambiente e non farsi scovare dai predatori. Ecco perché le loro piume sono quasi sempre di colore marrone o grigio, come l'erba del prato o i rami degli alberi.

Quindi le cose in natura non sono sempre semplici per i maschi, dato che accanto alla necessità di mostrare le proprie virtù alle femmine c'è anche quella di nascondersi dai predatori.

Come coniugare queste due esigenze? Esattamente come fate voi: cercando un compromesso capace di tenere insieme entrambe le esigenze contrapposte. Ecco allora che i colori di noi maschi sono accesi ma non troppo, le code voluminose ma mai esagerate, le criniere folte ma non gigantesche, eccetera eccetera. Ma di nuovo: ci sono sempre delle eccezioni alla regola.

In particolare, esiste un luogo dove i compromessi saltano, e vi assicuro che gli effetti sono strabilianti.

Per raccontarveli, vorrei portarvi con me in Australia, il continente abitato da milioni di anni dagli esseri umani, ma solo da pochi secoli dagli europei.

I primi esploratori del "Vecchio Mondo" si inoltrarono nei deserti del continente, ma anche nelle sue foreste oscure. Ed è proprio qui, tra gli immensi alberi australiani, che i primi esploratori si imbatterono in microscopici villaggi formati da case da sogno interamente costruite con ramoscelli. Alcune erano formate da due pareti verticali, edificate con i rami intrecciati, che permettevano a un sentierino di passarci in mezzo. Questa strada in miniatura portava a una piazzetta formato gnomo adornata da fiori, pezzetti di muschio ed elitre di coleottero dal colore metallizzato. Altre invece assomigliavano a delle piccole capanne, sempre costruite con ramoscelli intrecciati ad arte, provviste di un grande tetto spiovente. Le pareti interne di queste case da fiaba erano intonacate con dello stucco vegetale e il pavimento della sala era soffice grazie a un tappeto di muschio. Qua e là erano disposti in ordine esteticamente gradevole degli elementi decorativi: fiori, funghi colorati, piccole bacche, elitre di coleotteri e steli di erbe.

Talvolta gli arredi erano di un unico colore: una casa, per esempio, conteneva solamente elementi bianchi, un'altra solo rossi, alcune erano blu o di altre tinte a seconda del gusto e della fantasia del proprietario. A proposito di proprietario: chi abitava in questi villaggi da sogno?

Gli esploratori pensarono subito a dei piccoli gnomi o ad altre creature fantastiche del bosco e per scoprirlo si appostarono e attesero a lungo l'arrivo di qualche folletto o elfo. Le uniche creature che riuscirono a vedere, però, erano dei piccoli uccelli, dalla livrea piuttosto anonima, che entravano e uscivano dalle casette. Possibile che degli animali avessero costruito degli edifici così complessi e, per di più, che li avessero arredati con un indubbio senso estetico?

Sì, la risposta è univoca: si trattava di un uccellino, successivamente chiamato "uccello giardiniere", capace di edificare dei nidi di una complessità straordinaria.

Ma perché perdere tempo ed energia a fabbricare casette in miniatura? Non bastava un semplice nido come fanno tutti gli altri uccelli?

Per rispondere a queste domande dobbiamo ritornare al compromesso, tutto maschile, tra le due esigenze: il mostrarsi alle femmine e il nascondersi ai predatori.

In Australia, mancando quasi completamente i grandi predatori, il compromesso perde senso e i maschi possono mostrarsi quanto vogliono senza il pericolo di finire in bocca a un animale più grande. Il freno a mano della selezione sessuale è completamente disinserito e il pedale sull'acceleratore dei colori e delle forme strane è spinto al massimo.

Ecco allora che in questo angolo di mondo gli uccelli sono semplicemente meravigliosi, come il casuario con la sua cresta alta diciassette centimetri e dipinta di un blu acceso. O come gli uccelli del paradiso dai colori meravigliosi e dalle lunghissime code. E oltre ai colori e alle forme incredibili, c'è tutto un proliferare di balletti elaborati, di canti che vanno dalle risate ai suoni modulati, senza la paura dei predatori che limitano l'espressività.

E, come abbiamo visto, tra le tante strategie per attirare le femmine ci sono anche quelle degli uccelli giardinieri che hanno optato, piuttosto che per i colori sgargianti, per dei nidi stupefacenti. Sono infatti i maschi che costruiscono le casette da sogno e lo fanno unicamente per farsi notare dalle femmine.

Queste ultime, quando vogliono diventare mamme, visitano i vari edifici per poi scegliere quello capace di coniugare senso estetico a solidità costruttiva. L'architetto riceverà come premio una moglie fedele e bellissima, nonché tanti pulcini da allevare.

Le cose che in natura funzionano vengono replicate, e infatti i colori sgargianti non ci sono solo negli uccelli, ma anche in molti pesci, così come le danze di corteggiamento e pure i nidi complessi.

Nel lago africano Malawi esistono dei pesci, chiamati ciclidi, i cui maschi fabbricano dei nidi con la sabbia: alcuni sono formati da torri simili a vulcani, altri sono delle buche circondate da gradevoli linee a raggiera.

Potrei parlarvi ancora a lungo degli espedienti che i maschi usano per attirare le femmine, ma ormai si è fatto tardi e io devo ancora raccogliere qualche seme prima di ritirarmi su un ramo e passare la notte. Sapete, anche noi fagiani, proprio come le galline, amiamo andare a letto presto. Se volete sapere altro sui colori, vi consiglio di farvi raccontare qualche storia dall'insetto che vedete attaccato al ramo di quel vecchio gelso.

Anche lui proviene dal lontano Oriente e anche lui conosce tante storie.

Buona passeggiata e buon ascolto della voce della natura!

6

LA VOCE IMMOBILE DELLA COCCINIGLIA

Il fagiano con le sue piume ci ha raccontato ben due storie e, non so voi, ma io ho proprio voglia di seguire il suo consiglio...
Incamminiamoci verso il vecchio gelso per provare ad ascoltare la voce di quell'insetto particolare che, in realtà, sembra muto e silenzioso.
Questo piccolo animale vive in colonie formate da individui addossati l'uno sull'altro in modo da formare una sorta di manicotto intorno al ramo. La cosa peculiare è che non ha né zampe, né capo, né nulla: è formato solo da un follicolo piuttosto duro di colore biancastro con un puntino rosso al centro. È immobile e la sua vita trascorre a succhiare la linfa elaborata,

proprio come fanno gli afidi con cui, non a caso, è strettamente imparentato.
Chissà cosa avrà da dirci questa strana creatura!
A una prima occhiata, non sembra avere nemmeno una storia da raccontare... Eppure il fagiano, che ne ha viste di cotte e di crude, si è raccomandato di non fermarsi all'apparenza e di interrogarlo.
Anche questo bizzarro insettino parla con il colore, che non è quello biancastro del guscio, ma la sua parte interna, tinteggiata di un rosso acceso.
Proviamo a "vedere" cosa ci dice con il suo cuore vermiglio!

Buongiorno e benvenuti! Come dite? Certo che ho tante storie da raccontare! Ma prima di svelarne qualcuna, vorrei parlarvi un po' di me.

Io sono una **COCCINIGLIA** e il mio nome scientifico è *Diaspis pentagona*, dove "*aspis*" significa "scudo" e "*di*" sta per due. E in effetti ho ben due scudi: uno bianco e piuttosto grande, e un altro più piccolo, posto al centro e di colore rosso fuoco. Questo piccolo puntino vermiglio è il ricordo della mia gioventù!

Quando sguscio dalle uova, sono una piccola neanide di colore rosso provvista di sei zampe che mi servono per correre velocemente sui rami degli alberi e scappare il più lontano possibile da mia madre. Non lo faccio perché lei è cattiva, anzi, pensate che per dare la vita a me a ai miei fratelli è morta. Mi allontano di corsa per conquistare un angolo di mondo che, nel mio caso, si tratta di un ramoscello.

Appena lo trovo, mi fermo e inizio un processo che prende il nome di "catabolismo". In pratica faccio il contrario degli altri organismi viventi che, con il passare del tempo, diventano sempre più complessi sia dal punto di vista fisico sia da quello comportamentale.

Invece io mi semplifico sempre di più: rimango immobile sul ramo, perdo le zampe, e le tre parti che costituiscono il mio corpo si fondono in un unico grande sacco, che viene ricoperto dal piccolo scudo duro che mi protegge. Come tutti gli insetti, anche io eseguo la muta, cioè cambio l'esoscheletro, e quello della mia infanzia lo potete osservare proprio al centro dello scudo più grande e di colore bianco: è quel puntino rosso così visibile.

Poi inizio a srotolare il mio apparato boccale, una siringa lunghissima che penetra anche il legno più duro e raggiunge i vasi in cui scorre la linfa elaborata, e infine bevo avidamente.

Al contrario dei miei parenti afidi, io non produco la melata, ma una sostanza cerosa che spesso si può notare sopra di me e i miei fratelli.

Attenzione, però: così come nel fagiano e in tanti altri animali, anche nel mio mondo esiste una netta differenza tra maschi e femmine. Noi femmine abbiamo uno scudo tondeggiante, mentre quello dei maschi, sempre biancastro, è allungato e attaccato al substrato solo con una

estremità. In pratica assomigliano a tanti pennacchi che si muovono al vento.

La differenza non finisce qui: dopo qualche giorno, i maschi riformano le zampe, ma soprattutto le ali. Pensate che maschi e femmine sono talmente diversi che gli entomologi pensavano che fossimo due specie diverse: secondo loro le cocciniglie erano quelle con lo scudo, mentre i maschi venivano considerati dei nostri parassiti.

Comunque, dicevo... una volta sviluppate le ali, i maschi escono dal loro involucro ceroso e spiccano il volo. Dove andranno mai secondo voi? Certo, alla ricerca delle femmine!

Noi, dopo la fecondazione, emettiamo tante uova che rimangono al di sotto del nostro scudetto. La maturazione delle uova però è un processo talmente dispendioso che ci porta addirittura alla morte. Ma non preoccupatevi. Come vi dicevo, mentre le nostre mamme lasciano questo "rametto di lacrime", noi figli zampettiamo già velocemente sull'albero per perpetuare il ciclo antico di milioni di anni.

Ecco, dopo avervi rivelato qualcosa della vita di noi cocciniglie, è giunto il momento di raccontarvi perché sono qua, in questo prato, aggrappata a un rametto di gelso.

Dovete sapere che, come il fagiano, anche io provengo dal lontano Oriente. Ma non sono state le mie zampe e nemmeno il mio volo incerto a portarmi fin qui.

Io sono in questo prato grazie alla bellissima imperatrice cinese Xi Ling Shi, moglie dell'imperatore cinese Huangdi, letteralmente "Imperatore Giallo". Xi Ling Shi amava pren-

dere il tè tutti i giorni all'ombra dei grandi alberi di gelso che crescevano nel giardino dell'imperatore.

Ebbene, circa cinquemila anni fa, il bozzolo di una farfalla cadde dall'albero esattamente dentro la tazza dell'imperatrice. Xi Ling Shi lo raccolse, prese un capo del filo e lo srotolò fino a ottenere un unico filo lunghissimo e delicato capace di percorrere tutto il giardino reale. Non solo: dopo averlo arrotolato attorno al suo dito regale, ella sentì immediatamente una sensazione di calore insieme a una di leggerezza.

Oltre a essere bella, l'imperatrice era anche molto intelligente e capì subito che dai bozzoli di quella farfalla si poteva ottenere un tessuto caldo d'inverno e fresco d'estate. Oltre a essere bella e intelligente, Xi Ling Shi era pure generosa, tanto che condivise il suo segreto con gli agricoltori del regno, che subito iniziarono ad allevare il baco - poi conosciuto come "baco da seta" - in tutti gli alberi di gelso del regno.

La storia non finisce qui, in quanto qualche pezzo di tessuto attraversò il mondo per andare in un altro impero - quello romano - e finire tra le dita di un altro imperatore: Gaio Giulio Cesare (vi ricordate? Lo avete già incontrato nella storia del fagiano). Inutile dire che anche il romano Cesare si innamorò del tessuto, tanto che con quello si fece fare una toga pregiata che sfoggiava solo durante le occasioni speciali.

I patrizi romani volevano questo tessuto a tal punto che erano disposti a pagarlo a caro prezzo. E molti mercanti cinesi iniziarono a fare la spola tra la Cina e Roma, costruendo quel dedalo di strade che ancora oggi prende il nome di “via della seta”.

In quel periodo, gli europei erano ben lontani dal pensare che la seta fosse il prodotto di un insetto, anzi, erano convinti che fosse un tessuto vegetale che veniva raccolto e poi umidificato.

A un certo punto, però, si venne a sapere la verità: era proprio un insetto e in particolare una farfalla notturna, a produrre il filo prezioso!

Come fare per impossessarsi del baco prodigioso e impararne la tecnica di allevamento?

Ci pensò Flavio Pietro Sabbazio Giustiniano, imperatore bizantino dell'impero romano d'Oriente, che chiese a un missionario di ritorno dalla Cina di andarci ancora e di impossessarsi di questi segreti entomologici. L'uomo ripartì per l'Oriente fino a giungere nella regione dello Yunnan, dove venne a conoscenza degli arcani segreti del filo: i bruchi si nutrivano di una pianta di quelle zone (il gelso) e, per farle schiudere, bisognava tenersi addosso nel petto le uova dell'insetto per una settimana.

Il missionario, nottetempo, rubò delle uova e dei semi del gelso e ritornò dall'imperatore per incassare la ricompensa. Giustiniano però, prima di pagare, volle vedere il risultato della tecnica.

Il monaco fece quello che aveva visto in Cina, ma commise un tragico errore: mise i semi del gelso a scaldare nel petto e le uova del baco da seta sotto terra in attesa di germogliare. Insomma, tutto da rifare!

Giustiniano non si diede per vinto e inviò nuovamente in Oriente altri due missionari. Ricordando la lezione passata, i due presero appunti e si impadronirono della tecnica. Solo dopo, presero delle uova e dei semi, li nascosero all'interno dei loro bastoni e si incamminarono verso Roma, che finalmente conobbe la bachicoltura.

Questa tecnica si diffuse in tutta Europa e fece la fortuna di più di una città e più di una nazione. Di anno in anno, la produzione di seta crebbe costantemente così come il numero di piante cinesi, i gelsi, che costellarono con la loro chioma verde le campagne del Vecchio Mondo. Per secoli e secoli le persone si sono vestite con il tessuto morbido e leggero prodotto da un insetto. Fino alla fine dell'Ottocento, periodo in cui faccio la mia comparsa io e scombino le carte in tavola...

Come dicevo, io sono originaria della Cina, esattamente come il gelso e il baco da seta, ma mentre quei due si stavano diffondendo in Europa, io me ne stavo nella nostra comune terra di origine. Poi, non si sa esattamente come, qualcosa mi ha ricongiunto agli altri due.

Subito ho ripreso a conficcare il mio apparato boccale all'interno dei vasi del gelso e a estrarre la linfa elaborata. Insomma, la salute dei gelsi ormai europei era compromessa così come, di conseguenza, quella dei bachi da seta. L'industria della bachicoltura ebbe un crollo e l'economia venne messa letteralmente in ginocchio.

Un problema grave, che scatenò una vera e propria guerra nelle campagne europee, una guerra combattuta a suon di insetticidi per scacciarmi dalla mia nuova patria.

Tutto fu inutile, i miei stiletti boccali rimanevano infissi nei tessuti della pianta e gli insetticidi mi scivolavano addosso grazie alla protezione dei miei due scudi. Al contrario, migliaia di insetti meno corazzati di me e di uccelli e di altri piccoli animali morirono, colpiti dalla tempesta chimica.

Per voi umani era arrivato il momento di abbandonare la mera forza a favore della strategia. Ecco perché venne interpellato un grande entomologo: il professor Antonio Berlese.

Il professore iniziò a studiarmi per capire il motivo della mia grande prosperità europea e, dopo osservazioni su osservazioni, finalmente arrivò a capo del problema: nel vecchio continente non esisteva neanche un nemico capace di arginare la mia avanzata.

Se la montagna non va da Maometto e se la cocciniglia non torna in Cina, allora Maometto va alla montagna e il nemico potrebbe arrivare in Europa! Un ragionamento azzardato per spiegare cosa fece il professore esperto di insetti: si fece inviare da tutto il mondo dei campioni di cocciniglia con la speranza di incappare in un insetto antagonista capace di arginare la mia avanzata. Dalla Cina e dal Giappone, dalla Mongolia e dagli Stati Uniti d'America (dove nel frattempo mi ero stabilizzata) arrivarono a Portici, vicino a Napoli, presso l'Istituto di Entomologia dove lavorava Berlese, centinaia di pacchi, pacchettini e lettere contenenti dei miei esemplari.

Finalmente, tra questa moltitudine di corrispondenza, ecco arrivare, a fine maggio, un pacchetto proveniente dagli Stati Uniti d'America con dentro dei rametti di lilla - una pianta americana - infestata da esemplari di una cocciniglia di quelle zone che mi somiglia moltissimo. Il professore li mise in una teca e dopo pochi giorni… bingo! Dagli scudetti iniziarono a uscire delle piccole vespe nere che subito cominciarono a pungere i miei parenti. Erano imenotteri americani, capaci di iniettare nel corpo delle cocciniglie un uovo da cui si originava una larva che poi uccideva il suo ospite dall'esterno. Una sorta di piccolo Alien che forse avrebbe salvato i gelsi europei e di conseguenza la bachicoltura del Vecchio Mondo!

Berlese prese le piccole vespe nere, le liberò su un albero di gelso infestato di cocciniglie nella campagna vicino a Firenze e, dopo qualche giorno, prelevò le cocciniglie ammalate e le spedì ai suoi colleghi entomologi che vivevano in altre zone d'Italia. Anche loro liberarono le vespe e poi fecero circolare per il paese le cocciniglie ammalate: una sorta di catena entomologica che arginò efficacemente la mia avanzata.

Ma la storia non finisce qui:

dovete sapere che io non colpisco solo il gelso, ma anche altre piante orientali. In particolare sono molto aggressiva nei confronti di quella pianta cinese provvista di frutti così succosi e dolci che venne portata in Persia per essere coltivata nei giardini lussureggianti. È lì, in particolare nel giardino di re Dario III, che Alessandro Magno il Macedone la notò e apprezzò sia i suoi fiori rosa sia i suoi frutti prelibati. Il condottiero la portò a Roma, ed ecco che anche adesso, verso la metà di marzo, il rosa dei suoi fiori splende in tutta Italia e durante l'estate si assaporano i suoi frutti deliziosi. Si tratta del pesco, anche questa pianta fortemente compromessa da noi cocciniglie e anche lei liberata dalla vespa americana che, detto tra parentesi, adesso prende il nome di *Prospaltella berlesei*, proprio in onore di Antonio Berlese e della sua operazione.

Il pesco, oltre che da noi cocciniglie, viene attaccato anche da altri insetti che sono arrivati, chissà come, direttamente dalla Cina per colpire questa pianta.

Il successo ottenuto con la tecnica di Berlese spinse uno dei suoi allievi, Guido Grandi, ad andare in Cina e in Oriente alla ricerca dei nemici degli altri insetti dannosi per il pesco e provenienti da quelle zone. Le varie spedizioni ebbero successo e Guido Grandi portò a Bologna, città dove viveva e insegnava, un cospicuo numero di vespe potenzialmente capaci di salvare gli sterminati campi di peschi diffusi soprattutto in Romagna.

Eppure, contrariamente alla *Prospaltella berlesei*, questi insetti carnivori non vollero saperne di stabilirsi in Italia e

l'intera operazione fallì miseramente.

Anche adesso, gli agricoltori sono costretti a combattere i nemici del pesco a suon di insetticidi, non avendo a disposizione neanche un antagonista naturale.

Di questa storia consumata nei primi anni del Novecento c'è però una strana testimonianza: dovete sapere che Guido Grandi e i suoi allievi fecero dei lanci preliminari degli insetti cinesi nel giardino dell'Istituto di Entomologia di Bologna e se in Italia questi animali a sei zampe non trovarono le condizioni per stabilirsi, le incontrarono in questa oasi verde nel cuore della "cittadella universitaria", la zona bolognese che ospita la più antica università del mondo.

Se adesso andate a fare un giro per quelle zone, non troverete più l'Istituto di Entomologia, che si è trasferito alla periferia della città. Quello che vedrete è però il vecchio giardino che ancora ospita gli insetti cinesi che raccontano del sogno di un entomologo che voleva ottenere delle pesche mature e meravigliose aiutato esclusivamente dalla natura e non dalla chimica.

7

LA VOCE FESTOSA DEL CANE

Saluto la cocciniglia e mi riprometto di fare un giro nella cittadella universitaria di Bologna per ascoltare la voce di quegli insetti cinesi e capire perché, tra tutti i luoghi d'Italia, hanno scelto solo e soltanto quel giardino della vecchia città. Chissà!
Mentre riprendiamo il cammino, ripenso alle storie profumate, ricche di colori, che abbiamo ascoltato in queste poche ore. Chi sarà il prossimo organismo a parlarci? Avrà una voce profumata, oppure variopinta? O magari una forma particolare capace di raccontarci qualcosa di inaspettato?
Proprio mentre sono assorto, ecco che la risposta a queste domande arriva a grandi balzi verso di noi.

Una risposta che abbaia, muove la coda a destra e a sinistra, ha il pelo marrone e le orecchie a penzoloni. Si tratta, lo avrete già capito, di un cagnolino smanioso di giocare e di raccontarci qualche storia. Sono davvero curioso di sentire cosa ha da dirci con la sua voce allegra e salterellante.

Salve a tutti! Eccomi qui zampettante, abbaiante e con la coda che scodinzola per la gioia. Sono un **CANE** e questo è il mio modo di comunicare. Proprio come gli altri organismi che avete incontrato nella vostra passeggiata, anche io ho un interlocutore privilegiato: il fagiano parlava alle fagiane, la cocciniglia e il finocchietto ai loro nemici, la rosa agli insetti impollinatori, mentre io ho deciso di indirizzare il mio messaggio a voi e agli altri membri della vostra specie!

Il motivo per cui il mio linguaggio si è tarato su di voi esseri umani risale all'origine della nostra amicizia.

Siete pronti ad ascoltare questa storia?

Allora venite con me in un luogo imprecisato tra l'Asia e l'Europa e in un tempo talmente lontano da essere stato quasi completamente cancellato dagli anni, dai secoli e dai millenni. Si tratta di un'epoca che risale a ventimila anni fa.

In quel periodo la vostra specie era piuttosto simile a quella attuale e se prendessimo un uomo preistorico, gli tagliassimo i capelli, gli radessimo la barba e lo vestissimo con abiti moderni, egli potrebbe tranquillamente passeggiare per il centro di una vostra città passando del tutto inosservato.

Di simile non avete solo l'aspetto, ma anche i luoghi in cui vivete. Da tempo infatti avevate lasciato l'Africa, la vostra madre patria, e popolavate più o meno tutto il mondo.

Certo, ci sono anche delle differenze, per esempio il numero degli individui era decisamente minore rispetto a oggi; ma la differenza più radicale tra voi uomini di oggi e i vostri avi è nello stile di vita: all'epoca i villaggi non erano ancora stati costruiti, i campi non erano coltivati e gli animali correvano liberi per le praterie e non venivano allevati nelle fattorie. La vostra vita si consumava cacciando e raccogliendo i vegetali nei boschi e nelle praterie. Ecco perché eravate costretti a cambiare continuamente il luogo dove vivere: dovevate seguire le migrazioni dei grandi erbivori.

Dato che le case non c'erano, dormivate all'interno di grotte umide, scure, scomode ma perfette per proteggervi dai grandi predatori, a quei tempi piuttosto comuni.

Insomma, voi e i vostri avi condividete alcune cose, mentre altre divergono completamente.

E io dov'ero in questa epoca talmente remota da non lasciare quasi alcuna traccia?

Io non esistevo ancora, o meglio, la mia anima saltellante e giocherellona, la mia coda scodinzolante e le mie orecchie a penzoloni già c'erano, solo che erano invisibili. Erano nascoste all'interno di ogni cellula di un animale piuttosto feroce che viveva - e che vive anche oggi - nel folto delle foreste.

Il mio antenato era provvisto di occhi attenti da predatore, di zanne talmente forti da rompere le ossa più dure, e di orecchie in costante movimento pronte a rilevare il benché minino rumore. La mia anima non ancora espressa si celava all'interno del grande e feroce lupo delle foreste!

Ma come ha fatto a uscire da un lupo delle foreste un cucciolone sempre in vena di giocare? E come mai la mia voce attuale è così facile da capire per voi esseri umani, mentre il linguaggio dei lupi vi risulta quasi del tutto incomprensibile?

Torniamo, per rispondere a queste domande, in quel luogo imprecisato tra l'Asia e l'Europa e in quel tempo così lontano da risultare quasi completamente oscuro.

Come vi dicevo, all'epoca la vostra alimentazione si basava sulla carne degli animali cacciati e sui vegetali raccolti. Attenzione, però: i vostri denti non vi permettevano di mangiare tutto il cibo procacciato. Per esempio, non potevano - e non possono nemmeno oggi - rompere le ossa, che erano per forza di cose un materiale di scarto.

Dato che all'epoca non esisteva ancora una corretta gestione dei rifiuti, quello che per voi era inutilizzabile veniva semplicemente gettato nei pressi dei vostri alloggi senza troppe formalità. Tanto la vostra casa cambiava in continuazione.

E qui entrano in gioco i miei antenati lupi: infatti, se per voi le ossa erano degli scarti, per questi predatori dalla dentatura robusta rappresentavano delle vere leccornie provviste di prezioso e nutriente midollo. Ecco quindi che alcuni individui della foresta si avvicinavano alle vostre dimore per nutrirsi degli avanzi.

E come dargli torto! Gettarsi su un osso inerme piuttosto che dare la caccia a un capriolo saltellante e scalciante era decisamente più semplice. Però, lasciatemelo dire, pur non avendo zanne, pur non possedendo artigli o pungiglioni velenosi, voi umani siete degli esseri molto pericolosi e da sempre incutete rispetto e timore. I lupi che si avvicinavano ai vostri villaggi erano quindi i più temerari e quelli che meno vi temevano.

In breve - o forse in lungo - tempo, si formarono due comunità di lupi: una che si aggirava per le foreste e inseguiva per chilometri le prede per poi sbranarle, e l'altra che invece se ne stava in panciolle tutto il giorno in attesa di qualche osso da sgranocchiare.

Per far uscire la mia anima saltellante dal feroce predatore dobbiamo aspettare ancora un po' e precisamente il momento in cui i lupi iniziarono a difendere il loro territorio. La cosa venne vista di buon occhio da voi umani dato che avere una schiera di lupi attorno alle vostre case era certo un grande vantaggio, soprattutto in quei tempi frequentati da bestie feroci.

Quindi i lupi non solo venivano tollerati da voi uomini ma, forse, ne incentivavate anche la presenza gettandogli qualche osso come premio.

Quello che è successo dopo rimane nell'ombra e possiamo solo ipotizzarlo: probabilmente questi animali sono diventati, di generazione in generazione, sempre più mansueti, oppure la diffidenza reciproca è caduta; fatto sta che la distanza si è assottigliata e i lupi hanno iniziato a entrare nelle vostre case preistoriche.

Ecco che il mio carattere iniziava a emergere da quello dei lupi. Ma perché si esplicitasse del tutto dobbiamo aspettare ancora un po', e precisamente il momento in cui gli esseri umani hanno iniziato a praticare l'incrocio selettivo. In sostanza veniva permesso di riprodursi solo a quei lupi adatti a vivere con la famiglia umana, e cioè quelli mansueti che non mordevano le gambe ogni tre per due.

Di anno in anno, di generazione in generazione, di selezione in selezione, l'anima saltellante e scodinzolante di noi cani è uscita allo scoperto e ora sono qui ad abbaiare di felicità alla tua vista.

Non solo: la selezione selettiva ha permesso di forgiare il mio corpo, ottenendo una varietà di cani enorme che va dai piccolissimi chihuahua o dai bassotti fino ad arrivare ai boston terrier o ai dobermann.

Il cane non è solo la prima specie che ha vissuto insieme a voi: è anche la prima a essere stata *inventata* da voi!

Come vi dicevo, però, gli anni in cui sono avvenute queste vicende sono così lontani da risultare oscuri.

E in mezzo a questo buio gli scienziati scorgono un'altra storia... Secondo loro, infatti, i lupi non si sono mai avvicinati alle vostre dimore e mai hanno elemosinato un vostro osso. A tirare fuori la mia anima dal predatore siete stati voi, i lupi non c'entrano proprio nulla.

Ecco la storia che risplende nel buio del tempo, secondo

il parere di alcuni scienziati: nella notte profonda ventimila anni, quando voi vivevate di caccia e di vegetali raccolti nel folto della foresta, alcuni vostri avi sono incappati in una lupa, che hanno affrontato con le loro armi rudimentali. La battaglia feroce è stata vinta dagli umani che però non si sono limitati a uccidere l'animale. Forse perché avevano visto un possibile vantaggio, o forse perché nel loro cuore già batteva il sentimento della compassione, i vostri antenati raccolsero i cuccioli della lupa morta e li portarono a vivere con le loro famiglie.

Crescendo insieme agli uomini, questi animali impararono a non temerli e a condividere in pace lo spazio comune. Ed è qui che entra la vostra capacità di estrarmi dal lupo, facendo l'accoppiamento selettivo e scegliendo di portare avanti solo gli animali mansueti. Esattamente come nella prima teoria, di generazione in generazione, di selezione in selezione, alla fine sono uscito io: il cane che abbaia, che vi fa le feste e che si comporta in modo molto diverso rispetto ai miei avi.

Ma forse, in quel tempo così lontano che può inviare nel presente solo una distante eco, le due strade sono state percorse entrambe e anzi, l'una ha fortificato l'altra.

Comunque nessuno avrà mai la certezza di quello che è successo più di ventimila anni fa in quel luogo imprecisato tra l'Asia e l'Europa. L'unica sicurezza è il fatto che io sono stato il primo animale domestico; tutti gli altri animali allevati sono arrivati con la nascita dell'agricoltura.

Ma se io e la mia indole eravamo nascosti dentro il lupo,

la fiammella del mio feroce antenato brucia ancora dentro di me e trova, anche adesso, delle strade per uscire. Consideriamo per esempio la mia fedeltà alla vostra specie. Essa non è casuale, ma risiede nel comportamento del lupo, che è un animale sociale e che riconosce il maschio alfa come capobranco.

Bene, anche se io sono uscito dalla comunità dei lupi da tantissimo tempo, ho mantenuto il suo comportamento sociale. L'esigenza di un capobranco pulsa ancora dentro di me: anche se ora non si rivolge più a un maschio dal pelo grigio, ma a degli umani vestiti all'ultima moda! Ecco perché io sono così legato a voi: semplicemente vi ho barattato con un individuo della mia specie.

Io però non cerco solo un capo, ho bisogno anche di un branco, ed è così che la vostra famiglia è diventata la mia. Insieme abbiamo fatto tante cose: io vi proteggevo con i miei denti aguzzi e voi mi davate da mangiare. Abbiamo anche cacciato uniti come in un vero branco: voi uccidevate l'animale e io ve lo riportavo. Oppure io lo stanavo e voi lo uccidevate, o ancora lo attaccavamo insieme. Insomma, tra noi è nata una amicizia solida e lunga ventimila anni. La nostra relazione non è stata messa in crisi dall'era moderna, anche se è cambiata radicalmente. Ormai non caccio più insieme a voi (a dire il vero sono pochi gli uomini e i cani che si dedicano alla caccia), e ho assunto altri ruoli nella vostra società. Per esempio, aiuto le persone non vedenti a camminare per strada, rallegro la vostra vita con il mio carattere gioviale, vi faccio compagnia, e ancora mi prendo cura dei vostri greggi di pecore o delle mandrie di vacche.

Visto? I miei ruoli all'interno della vostra società sono tanti, anche se quello del cacciatore, probabilmente il primo della nostra amicizia, è ora in disuso.

Quindi per me la fiammella del fiero predatore si è ormai spenta del tutto? No di certo, si è solo trasformata, ed esce sotto forma di "sindrome di Peter Pan": il mio animo di predatore viene sublimato nel gioco e mi costringe a essere un lupo mai cresciuto. Anche quando sono anziano e il mio corpo è stanco, continuo a essere un giocherellone e a divertirmi con voi: rincorro le palle, saltello qua e là e vi riporto i bastoni che mi lanciate.

Il gioco ha un ruolo importantissimo nella società dei lupi e in generale in quella dei cacciatori: i cuccioli imparano così le principali tecniche di caccia. Se però non si passa mai dalla finzione alla realtà, allora rimane solo il gioco per tutta la vita. Quindi quando vi rincorro e mi diverto con voi ritorno, per un attimo, un lupo delle foreste.

E non è tutto: la mia anima di predatore esce anche in altre situazioni.

Dovete sapere che il branco di lupi quando caccia si sparpaglia per la foresta con la chiara intenzione di accerchiare la preda. Per coordinarsi al meglio e per indicare ai compagni la propria posizione, i singoli animali iniziano a ululare. È come se dicessero, tradotto nella vostra lingua: "Sono qui! Sono qui!"; e lo fanno per essere efficienti nella caccia.

Ebbene, anche se noi cani non ci disperdiamo più nel bosco, conserviamo impressa in una parte remota del cer-

vello questa voce, che si esprime in momenti impensabili. Per esempio quando un cane del vicinato si mette ad abbaiare nell'ora della caccia, e cioè di notte, ecco che il mio antico essere lupo si sveglia e ricorda il periodo in cui correvo in mezzo ai boschi per inseguire un capriolo o un'altra preda. E cosa mi viene in mente di fare? Ululare insieme al mio branco del vicinato!

Questo istinto di ululare esce anche quando sfreccia a grande velocità una autoambulanza o una macchina della polizia a sirene spiegate. Il suono proveniente dagli altoparlanti è composto anche da ultrasuoni, delle vibrazioni che il vostro orecchio non può sentire ma che il mio percepisce benissimo. Sono questi suoni acutissimi che risvegliano l'animo del lupo, e prontamente io mi metto a ululare scambiando l'automezzo di soccorso per un mio antico simile impegnato in una delicata operazione di caccia.

Quindi dentro a un lupo c'è un cane e dentro un cane c'è un lupo, e la cosa non finisce qui: anche dentro di voi c'è un lupo messo dentro da un cane e dentro di me c'è un essere umano.

Provo a spiegarvi meglio questo concetto: l'amicizia è una relazione che arricchisce tutti, dato che gli amici si scambiano dei "pezzetti di sé". Figuriamoci quindi un'amicizia che dura da ventimila anni!

Alcuni tasselli del vostro essere sono entrati dentro di me, per esempio l'intelligenza. Certo io non raggiungo le vette della vostra specie ma, sicuramente, ho delle carte che gli altri animali non possiedono. Mi avete regalato anche un'altra cosa, questa volta non gradevole: la vostra specie, consapevole della fugacità della vita, soffre talora di malinconia, tristezza e ansia... Ecco, queste sensazioni sono passate dentro di me, e anche a me a volte capita di sentirmi triste senza una vera ragione come spesso succede a voi uomini.

Voi mi avete cambiato, ma io ho cambiato voi. Per esempio, dato che per me siete una sorta di capobranco, avete imparato la lingua dei lupi. Basti pensare che quando volete mettermi a cuccia, fate quello che faceva nella notte dei tempi (e che fa ancora adesso nel folto della foresta) il maschio alfa: iniziava a sbattere la coda. Voi non avete la coda, ed è per questo che battete il braccio contro la vostra gamba: di fatto state parlando un linguaggio antico e selvatico.

A volte io non vi considero il capobranco anzi, penso che siate degli antagonisti e quindi vi vorrei attaccare. Per evitare la mia aggressività è sufficiente assoggettarmi alla maniera dei lupi: non guardarmi negli occhi e offrirmi il palmo della vostra mano aperta. Io leggerò questi gesti come segni di sottomissione ed eviterò di aggredirvi.

Ma come essere sicuri che queste storie siano vere? Non è che è stata la vostra mente, così acuta ma anche incline a vedere il mondo come lo volete voi, a inventarsi tutto? Di fatto, in quell'epoca così lontana da risultare invisibile, le cose potrebbero essere andate in modo completamente differente.

Per capire cosa è vero e cosa è falso, facciamo un salto indietro nel tempo, e questa volta non dobbiamo viaggiare per ventimila anni e dirigerci in un luogo imprecisato tra l'Asia e l'Europa.

Questa volta il viaggio sarà molto più breve e ben mirato: ci dirigiamo nel 1959 nel piccolo paese di Novosibirsk nella regione russa della Siberia per conoscere il genetista russo Dmitrij Beljaev e la sua assistente Ljudmila Trut, dei ricercatori che, grazie a un esperimento ancora in atto, hanno chiarito quello che è successo ventimila anni fa in un luogo imprecisato tra l'Asia e l'Europa.

Prima di fermarci a Novosibirsk è necessario fare una brevissima tappa nel Corno D'Africa, quella regione che oggi ospita gli stati dell'Eritrea, dell'Etiopia, del Gibuti e della Somalia.

Ebbene, la vostra specie è originaria proprio di lì, e fin da subito vi siete distinti dagli altri animali. Prima di tutto, avete sempre mostrato una grande inquietudine e un'irrefrenabile spinta all'esplorazione, cosa che vi ha portato ad abbandonare, a più riprese, il luogo natio per colonizzare tutte le zone del mondo, alcune molto differenti dal vostro areale.

Come ha fatto una specie tropicale e quindi amante del caldo a vivere in luoghi contraddistinti da climi rigidi? Per esempio in Siberia, che in inverno ha una temperatura massima che si aggira intorno ai -15°C e una minima che può scendere a -45°C?

È stata la vostra intelligenza a sopperire al calore dei tropici e ci è riuscita facendo scintillare il sole imprigionato nella legna o - in tempi recenti - nel petrolio o nel metano. Il tepore nascosto in queste sostanze è stato liberato e le vostre case si sono trasformate in piccole bolle d'Africa sperdute ai quattro angoli del globo.

Siete riusciti ad abbandonare la vostra Africa in miniatura e a girovagare per le steppe gelide mettendovi addosso le pellicce degli animali abituati ai climi rigidi.

La breve parentesi è finita e possiamo quindi tornare a Novosibirsk, il paesino sperduto in mezzo alla tundra. In questo luogo lontano migliaia di chilometri dall'Africa, c'era un grandissimo allevamento di volpi a cui veniva tolta la pelliccia per permettere agli individui delle vostra specie di passeggiare in mezzo all'aria gelida. Non solo, visto che voi siete sensibili al freddo ma amate anche la bellezza, gli animali allevati appartenevano a una razza particolare: la volpe argentata della Siberia. Si tratta di una volpe rossa il cui pelo brilla con riflessi d'argento.

Insomma, non solo calore ma anche bellezza, cosa volere di più da un animale?

Dato che voi siete degli esseri inquieti e molto esigenti, dalle volpi volevate anche un'altra cosa: che la finissero con i morsi e i ringhi continui. La volpe d'argento della Siberia è infatti nota per il suo pessimo carattere. Abituata a vivere solitaria in mezzo all'immensità della tundra artica, proprio non voleva saperne di rimanere chiusa in una gabbia piccolissima e per di più di doverla condividere con altri individui della sua specie.

Immaginatevi quindi la vita degli allevatori di volpi siberiane: i morsi alle mani erano all'ordine del giorno, gli animali facevano di tutto per non farsi catturare e non mostravano certo un atteggiamento collaborativo. In mezzo al freddo e al gelo, si era creata una situazione infuocata che necessitava un raffreddamento!

Ed ecco che finalmente entrano nella nostra storia i genetisti russi Dmitrij Beljaev e la sua assistente Ljudmila Trut. I due si occuparono della faccenda e la risolsero in modo semplice e geniale: il problema era il carattere delle volpi? Bene, basta selezionare solo gli individui non particolarmente aggressivi!

I ricercatori si avvicinavano agli animali con la mano rivestita da un grosso guanto bello spesso e solo le volpi che non si avventavano e non mordevano venivano prelevate, separate dagli altri e fatte accoppiare tra loro. Questo trattamento era riservato anche ai figli e ai figli dei figli e così via, di anno in anno e di generazione in generazione.

Quali furono gli effetti di questo trattamento? A dir poco sorprendenti, visto che già alla quarta generazione comparvero delle volpi che non attaccavano selvaggiamente gli esseri umani e, addirittura, cercavano il loro contatto. Quando uno dei due ricercatori si avvicinava, questi ex animali selvaggi della tundra si comportavano come cuccioloni, leccando il loro viso e guaendo di gioia. Questo carattere si consolidò con le generazioni successive e non solo: iniziò a cambiare anche l'aspetto!

La livrea virò colore per passare da quella rossa con i riflessi d'argento a una pezzata con la fronte sormontata da una chiazza bianca a forma di stella che, tra l'altro, è molto comune anche in altri animali domestici come la mucca e il cavallo. Inoltre la coda si era arricciata, le orecchie si erano piegate, il pelo del mantello allungato, il cranio allargato e le ossa delle zampe, della coda e del muso accorciate. Infine, potevano riprodursi due volte all'anno invece che una, come le volpi selvatiche.

Abbiamo finito con i cambiamenti? No, era addirittura sparito il classico verso volpino e al suo posto era comparso un simpatico abbaiare del tutto simile a quello di noi cani. Per finire, queste volpi ormai domestiche ubbidivano ai semplici comandi impartiti dai ricercatori. Insomma, grazie all'esperimento di Beljaev e Trut, un feroce predatore solitario e selvatico della tundra si era trasformato in una via di mezzo tra un cane e un gatto: era più indipendente e meno socievole dei cani, ma più pronto a seguire i comandi dei gatti, che non si riescono ad addestrare. Il tutto in pochissime generazioni.

È arrivato il momento di tornare nel presente e di scoprire che Dmitrij Beljaev è morto da diversi anni ormai, mentre Ljudmila Trut continua ad allevare e selezionare le volpi domestiche che adesso, trascorse tante generazioni, sono talmente docili che si possono tenere in casa come animali da compagnia. I proprietari dell'allevamento non producono più pellicce, ma teneri cuccioloni che vengono venduti in tutto il mondo.

I due ricercatori hanno quindi illuminato i fatti avvenuti ventimila anni fa in un luogo imprecisato tra l'Asia e l'Europa e ci hanno fatto capire come si può passare da un lupo a un chihuahua o un bassotto.

Grazie all'incrocio selettivo, dai lupi si possono ottenere tantissime razze di cani e ognuna avrà delle caratteristiche diverse.

Per la caccia avete ottenuto il cane lupo, il pointer, il setter, il bracco italiano e il bracco tedesco. Per aiutare le persone in mare, il labrador e il terranova.

Per badare alle pecore avete il maremmano, e tanti altri. Alle mucche invece ci pensa il bovaro del bernese. Fatemi spendere solo due parole su questo cane svizzero straordinario da cui si è originato, tra le varie razze, anche il famoso san bernardo.

Bene, come dicevo, questo animale tricolore dal pelo lungo è particolarmente bravo a custodire le mandrie di vacche. Sta fermo per ore a osservare i placidi bovini intenti a brucare l'erba. Quest'attività, particolarmente noiosa, si consuma nelle valli alpine in estate, quando una brezza fresca accarezza il pelo dell'animale che riposa all'ombra di un grande albero.

Come immaginerete, per lui sono le condizioni ideali per chiudere gli occhi e concedersi un bel sonnellino, cosa che si concedono infatti da sempre i bovari del bernese, trascurando così le mandrie di mucche. I placidi bovini, non essendo più sorvegliati, se ne approfittavano e andavano in giro da soli per le valli alpine. Alla sera voi umani dovevate penare non poco per riportarli nella stalla. Erano quindi due le soluzioni possibili per gli allevatori di vacche: licenziare il cane per i troppi sonnellini, oppure salvare capra e cavoli con l'incrocio selettivo.

Inutile dire che essi scelsero la seconda soluzione, anche perché avevano notato che alcuni esemplari di bovari mostravano delle strane chiazze bianche proprio in mezzo al pelo scuro delle palpebre. Facendo accoppiare unicamente i cani con questa caratteristica fisica, si sono ottenuti degli individui che possono tranquillamente godersi il sonnellino pomeridiano all'ombra degli alberi alpini e, nel contempo, mantenere la mandria compatta. Quando infatti un bovaro del bernese sente l'irrefrenabile bisogno di abbassare le palpebre, ecco che due finti occhi bianchi si palesano e le mucche, che non vedono benissimo, rimangono immobili senza allontanarsi di un metro.

Interessante, vero? Ed è così che avete ottenuto il bassotto, un cane da caccia capace di entrare nelle tane delle volpi, oppure il chihuahua, selezionato per incontrare il gusto delle viziatissime principesse Azteche, e così via per gli altri cani.

Tra tutti i criteri di selezione dei cani, forse il più strano è avvenuto nella Cina antica di tremila anni fa. Proprio in quel periodo, un parente di un amico dell'imperatore aveva sentito raccontare da un viaggiatore indiano che aveva un cugino in Grecia il cui fratello aveva visitato la penisola arabica dove aveva conosciuto un mercante che aveva un cognato africano, di una bestia feroce con la testa sormontata da una grande corona di peli e capace di emettere un grido talmente potente da far tremare anche il più coraggioso degli uomini.

La bestia feroce prendeva il nome di leone e, viaggiando di bocca in bocca e di mente in mente, quando arrivò in Cina la sua fisionomia era cambiata radicalmente. L'animale in questione era sicuramente feroce e provvisto della criniera, ma era anche piccolo e il suo muso era molto schiacciato.

Anche se di fatto non l'avevano mai incontrato, i cinesi antichi si innamorarono perdutamente di questa fiera selvaggia e leggendaria che galoppava felice in luoghi lontani ed esotici. Nella Cina di allora non si parlava d'altro: alcuni artisti forgiarono la sua forma - ipotetica e basata su notizie frammentarie - nella pietra, ottenendo delle statue che ancora oggi campeggiano nei palazzi imperiali. Chiaramente, un animale così particolare si ricopre ben presto di elementi simbolici e infatti i cinesi di allora gli appiopparono la rappresentazione del potere assoluto. Ecco perché il leone veniva sempre raffigurato con una palla tra le zampe anteriori che simboleggiava, appunto, il potere. Non solo, per loro era anche un animale capace di proteggere gli esseri umani. Ecco perché le sue raffigurazio-

ni venivano poste all'ingresso dei palazzi nobiliari e in occasione del capodanno cinese si esegue al cosiddetta "danza del leone", propiziatoria per l'anno che verrà.

Insomma, la notizia dell'esistenza del leone scatenò una marea di reazioni, una delle quali coinvolse anche la mia specie.

I cinesi non riuscivano ad accontentarsi di una mera fantasia e vollero il leone in carne e ossa. Ma come fare? Come trasportare una bestia feroce e che viveva in un luogo così lontano come l'Africa? Dato che il leone non poteva andare in Cina, ecco allora che la Cina andò dal leone... più o meno!

Alcuni allevatori di cani, utilizzando il metodo della selezione selettiva, incrociarono gli animali che assomigliavano - secondo la loro arbitraria opinione - al re della foresta. Ma visto che dentro noi cani si nasconde caso mai un lupo e non certo un leone e, per di più, la visione che i cinesi avevano del re della foresta era a dir poco fantasiosa, il risultato non venne particolarmente bene. Il cagnolino ottenuto assomiglia a tutto fuorché al re della foresta...

Credo abbiate capito di chi parlo, del famoso xīshīquǎn, il "cane leone occidentale" che qui in Europa viene chiamato "cane pechinese".

A guardarlo bene qualche vaga somiglianza in effetti c'è: anche il pechinese ha il capo sormontato da una folta criniera, che però finisce con una frangetta che si addice poco a una bestia feroce. Anche sulla taglia potremmo discutere, visto che il cagnolino è alto venti centimetri e pesa dai due ai cinque chilogrammi e mezzo contro i centocinquanta-due-centocinquanta del leone reale.

Stranamente il carattere invece si avvicina di più a quello del leone: il pechinese è infatti orgoglioso e dignitoso, dal comportamento altero, spesso totalmente distaccato da quanto lo circonda. Insomma, un vero e proprio re! Magari non della foresta, ma del salotto sì.

C'è un epilogo in questa strana storia: a un certo punto qualche cinese si recò davvero in Africa e osservò il leone in libertà. Ovviamente si accorse del clamoroso errore, che riportò agli allevatori in patria. Ebbene, non contenti di aver creato il pechinese, essi ci riprovarono e questa volta andò leggermente meglio: il risultato finale è infatti il famoso sōngshīquǎn, che tradotto in italiano significa "cane leone ammansito". Qui da noi viene chiamato chow chow e almeno la criniera ce l'ha.

Bene, il mio abbaiare, la mia coda scodinzolante, il mio pelo multicolore potrebbero raccontarvi altre storie, ma forse è meglio lasciarvi proseguire la passeggiata per sentire nuove voci.

Io corro a casa, nella mia cuccia, a sognare un tempo antico in cui correvo libero per le immense foreste e il mio ululato squarciava il silenzio della notte.

8

L'ANTICHISSIMA VOCE DEL SILENZIO

Nel frattempo, tra un passo e l'altro e una storia e l'altra, la sera è arrivata, il sole sta lasciando questa parte di terra per andare a illuminare l'altra faccia, quella che noi non vediamo.
Al suo posto ecco arrivare le tenebre, che lentamente e dolcemente prendono possesso del prato. Prima catturano il terreno, gli alberi, i colli lontani e poi, pezzetto dopo pezzetto, conquistano anche il cielo, che trattiene il più a lungo possibile il suo amato sole.
E insieme al buio arriva l'ultimo dei cantastorie, dopo che tante creature si sono avvicendate a raccontarci come i fili della vita si srotolano da milioni di anni e sono tutti intrecciati tra loro.

Che forma ha l'ultimo dei nostri interlocutori? Ha forse un profumo come la rosa? Oppure dei colori che rivelano il suo passato?
Nulla di tutto questo. Colui che ci fa visita in questo momento e che vuole svelare il suo segreto non ha forma, né colore, e nemmeno un'identità.
È qualcosa che si insinua tra le fronde nel momento in cui tutto smette di parlare. Si palesa solo quando il mondo interrompe per un attimo il suo chiacchiericcio e rivela una realtà: lui era già lì con noi, anche se nascosto dal continuo rumore.
Tra tutti gli abitanti del prato lui è il più vecchio, è stato addirittura il testimone della prima scintilla di vita scoccata quattro miliardi di anni fa in un punto imprecisato di un mare preistorico.
Ma per lui quella data appartiene a un passato prossimo, visto che aveva già assistito alla nascita del nostro sistema solare e, ancora prima, era presente quando dal vuoto quantistico è scoppiato l'intero cosmo.
È l'abitante più diffuso in tutto l'universo, ed è proprio lui che è venuto a trovarci, adesso che stiamo per lasciare questo prato delle meraviglie.
Ha tanti nomi e gli hanno dedicato un numero esorbitante di poesie, di libri e di canzoni. Milioni di parole sono state usate per descriverlo, eppure lui non ne possiede neanche una. Lui non possiede niente perché è esattamente l'assenza di tutto.

Pur non avendo parole, ha tantissime cose da raccontare. Avete capito chi è l'ultimo dei cantastorie?

Tra i molti nomi che voi esseri umani mi avete affibbiato, ne esiste uno più comune: **SILENZIO**. Senza suoni, senza profumi, senza colori, senza una forma, io arrivo quando tutto si calma, quando il sole si appresta ad andare dall'altra parte del mondo imbrattando il cielo di scie rosa.

È in questo momento che voi vi accorgete di me, ma sappiate che io vi ho accompagnato per tutta la passeggiata ed ero al vostro fianco mentre le creature del prato vi parlavano. Anzi, per dirla tutta, io sono accanto a voi da quando eravate nel grembo. E vi dirò di più: io non ho visto solo la vostra nascita e udito il vostro primo grido; io ho udito il rimbombo dell'universo mentre nasceva dalla fluttuazione del vuoto quantistico. Ho seguito la sua espansione, la creazione delle costellazioni, ho visto formarsi l'atmosfera sulla terra, ho assistito alla prima scintilla di vita e poi, di complessità in complessità, sono stato il testimone nascosto della comparsa della vostra specie in quel lontano giorno in Africa. Ho visto la vostra specie raddrizzare la colonna vertebrale, espandersi in tutto il mondo e inventarsi la cultura.

Io ci sono anche quando i suoni che voi e i vostri simili producete mi nascondono. A dispetto del mio nome e dell'assenza di una voce, ho collezionato una gran quantità di storie e potrei raccontarvene infinite.

Vorrei però iniziare da una storia successa in un luogo imprecisato tra l'Africa, l'Asia e l'Europa. Per scoprirla dobbiamo sincronizzare i nostri orologi della fantasia e metterli indietro di circa quarantacinquemila anni. Esattamente qui, in questo tempo e in questo luogo, si aggira per l'immensa foresta un manipolo di uomini che non ha ancora inventato le parole. Ecco perché questi vostri avi vivono a stretto contatto con me e con le voci della natura. E fanno bene, perché sono io ad aiutarli quando arrivano le difficoltà! Volete sapere come?

Allora osservate bene cosa stanno facendo e ascoltate il borbottio che proviene dai loro stomaci. Quel suono è un segno inequivocabile della fame che li perseguita da giorni. La situazione è davvero preoccupante e i vostri avi devono mettere qualcosa sotto i denti altrimenti la loro stessa sopravvivenza è in pericolo.

Come fare? Che direzione seguire tra i tronchi per avere qualche probabilità di scovare un animale da cacciare?

Guardate come si comportano quegli uomini antichi per avere una risposta: semplicemente chiudono la bocca e mi evocano.

Io, generoso come sempre, mi paleso all'istante e insieme a me arrivano le voci della natura. Sono il canto degli uccelli, il frinire dei grilli, il leggero fruscio delle foglie a indicare la giusta direzione agli esseri umani. Questi suoni

rappresentano il segno inequivocabile della presenza di vita, e quindi di risorse alimentari. Infatti, è sufficiente seguirli per vedere che, dopo poco, i denti affilati della fame smettono di afferrare lo stomaco finalmente sazio dei vostri avi.

Attenzione, però: io non solo aiuto gli uomini del passato a trovare le risorse, indico loro anche la presenza di eventuali pericoli mortali.

Seguiamo di nuovo il gruppetto preistorico, perché i loro guai non sono finiti. Il sole, infatti, sta tramontando, il buio si sta facendo largo tra i tronchi e, con lui, arrivano dal folto della foresta ululati e ruggiti per nulla rassicuranti. Gli uomini devono trovare immediatamente un riparo, se non vogliono passare la notte insieme ai predatori feroci di quarantacinquemila anni fa. Finalmente, dopo aver vagato per alcune ore, ecco che davanti ai loro occhi si staglia una grotta che sembra asciutta e accogliente. Ma subito arriva anche una domanda piena di terrore: e se fosse già occupata? Magari da un orso o da una tigre con i denti a sciabola?

Come estirpare questo dubbio e spazzare via l'angoscia che sgorga copiosa dal cuore degli uomini preistorici? Di nuovo intervengo io e di nuovo scendo in mezzo agli esseri umani.

Dopo aver scelto il più coraggioso del gruppo, lo accompagno nel ventre della grotta. Qui rimango accanto a lui e insieme a lui mi metto in ascolto: se tra noi si insinua un ruggito strano o un ronfare sospetto, allora è il caso di levare le tende e di cercare un nuovo riparo. Se invece non arriva alcun suono, allora il gruppo può finalmente riposare e passare la notte in tutta tranquillità.

In entrambi i casi, però, il mio ruolo è fondamentale nel salvare la vita ai vostri avi e quindi, con una certa legittima dose di orgoglio, posso dire che il vostro passeggiare in questo momento è frutto dei miei innumerevoli interventi.

Ma già lo so che, invece di ringraziarmi, nella vostra mente stanno emergendo tanti dubbi e ora vi state chiedendo se quello che vi ho detto corrisponde a realtà.

In effetti le vostre perplessità hanno un fondamento, però permettetemi di dissolvere con la prova provata la veridicità della mia storia. La cosa è davvero molto facile, visto che gli indizi che portano alla verità li custodite proprio voi sepolti nel vostro corpo.

Quello che siete adesso, la vostra forma, il vostro carattere ma anche i vostri pensieri e le vostre conoscenze altro non sono che il frutto maturo di una storia lunghissima, di una somma di vicende che vi hanno accompagnato come individui e come specie. E non importa se la maggior parte del vostro passato si è svolto in un tempo così lontano da essere evaporato dal vostro cervello. Il vostro corpo, dotato di una memoria formidabile, lo contiene ancora tutto. Volete un esempio? Analizziamo la vostra visione del mondo e guardiamo i colori dei fiori che costellano il prato.

La maggior parte di essi sono bianchi, alcuni sono viola, altri gialli, altri ancora azzurri, lilla eccetera. Eppure, sappiate che i colori che vedete in questo momento rappresentano solo una parte di quelli che la natura fa splendere nei fiori. È solo che voi non potete vederli, perché una fetta di mondo non entra nel campo della vostra percezione. Il motivo affonda nella vostra storia, iniziata nel Cretaceo superiore.

In un giorno e in un momento di quell'era così remota, un gigantesco meteorite riuscì a sfondare la pellicola di gas che racchiude e protegge il nostro mondo per precipitare con grande violenza e fragore a terra. Il luogo dell'impatto era la penisola dello Yucatán, esattamente dove il caso o il destino aveva preventivamente posizionato un gigantesco deposito di idrocarburi.

Dalla tremenda collisione ne scaturì un incendio talmente grande che il suo fumo intrise l'atmosfera e la oscurò per lunghi anni. I raggi del sole, non potendo raggiungere la superficie terrestre, lasciarono il campo a un freddissimo inverno, che strinse il mondo di allora con la sua gelida morsa. Alcuni abitanti di quella landa ancora selvaggia non riuscirono a sopportare il nuovo abitante e il loro sangue - che si scaldava unicamente grazie al calore del sole - si raggelò nelle vene. La conseguenza per loro fu drammatica: uno dopo l'altro abbandonarono il nostro pianeta e si diressero nella terra dell'oblio in cui risiedono gli organismi estinti. Sto parlando, lo avete già capito, dei dinosauri, le gigantesche lucertole che occupavano il mondo di allora.

La sfortuna degli esseri giganti si trasformò però nella fortuna dei piccoli mammiferi che all'epoca si nascondevano tra gli alberi delle foreste protetti dal buio della notte. In quell'inverno senza fine, con il calore elargito dalle loro pellicce, essi incontrarono un intero pianeta sterminato e ormai privo degli enormi e pericolosi rettili. Timidamente, lasciarono le foreste e, pezzetto dopo pezzetto, conquistarono il mondo intero.

Da questi animali, simili a opussum, si sono originati tutti gli attuali mammiferi, dal cavallo al canguro, fino a voi esseri umani.

Ma c'è un però: i vostri antichi antenati trascorrevano la loro esistenza avvolti nelle tenebre della notte (di giorno c'erano troppi dinosauri in giro) e quindi il loro mondo percettivo era costruito su una scala di grigi. Insomma, non vedevano i colori.

Voi e i vostri simili adesso vivete di giorno e, anche se avete acquisito una visione cromatica, i segni della vostra antichissima vita notturna si vedono ancora. O meglio, non si vedono, perché il vostro occhio non percepisce tutte le tinte con cui è dipinto il prato. I fiori che in questo momento state osservando e che per voi sono bianchi non lo sono per gli insetti impollinatori.

Questi animali a sei zampe hanno una storia molto diversa dalla vostra e hanno abitudini diurne fin dall'alba della storia della vita. Dato che vivono alla luce del sole da sempre, i loro occhi composti riconoscono i colori nella loro sfolgorante realtà e cioè nell'ultravioletto! Anche gli uccelli vedono questi colori, così come la maggior parte dei rettili.

Ma non solo i fiori sono più colorati di quello che voi potete percepire: anche alcuni frutti come le prugne o i mirtilli hanno la buccia ultravioletta. E sulle foglie, che voi vedete solo verdi, la natura ha disegnato, sulla maggior parte delle corolle, delle linee - che prendono il nome di "guide al nettare" - che indicano la precisa ubicazione dei nettari, le ghiandole che elargiscono il prezioso nettare alle api e agli altri insetti impollinatori. Voi ovviamente non le avete mai viste e sapete perché? Sempre per lo stesso motivo: nel vostro occhio risplende ancora il buio delle lunghe notti trascorse dai vostri avi antichi.

E il mio silenzio? Dove si trovano i segni del mio passato glorioso? Se la vostra storia dei colori è ancora stampata nell'occhio, l'antica relazione con i suoni ronza nell'orecchio.

Così come la vostra vista non percepisce tutti i colori, allo stesso modo il vostro organo uditivo non può ascoltare tutti i suoni che fluttuano nell'aria. Il vostro timpano rileva solo le onde sonore con un'ampiezza che va circa dai sedici ai sedicimila herz. In pratica, sente solo le piccole fluttuazioni di aria che vibrano da sedici volte al secondo fino a sedicimila. Tutte le altre onde, seppure reali, sono invisibili al vostro orecchio. Non per altri animali, ovviamente: i pipistrelli, per esempio, sentono le vibrazioni acutissime che loro stessi emettono con lunghi e frequenti urli. Anche i cani odono onde precluse al vostro mondo percettivo, come per esempio alcuni suoni che provengono dalle viscere della terra e che per voi sono troppo bassi.

Della fetta di onde sonore udibili dal vostro orecchio ne esiste una piccola parte - le frequenze che viaggiano dai duemila ai cinquemila herz - che colpisce il vostro timpano in una zona particolarmente sensibile: quelli sono i suoni più adatti al vostro organo dell'udito, dove la sensibilità è massima.

E qui finalmente arriviamo al nocciolo della questione, alla prova provata che io e voi siamo fatti l'uno per l'altro e che, per millenni, vi ho nutrito e salvato dai pericoli.

Le vibrazioni che emettete con la gola e che modulate con la lingua e le labbra, quei suoni che si trasformano in parole e che si appoggiano su tutti gli oggetti dando loro un nuovo significato non rientrano nel campo della vostra massima sensibilità uditiva. Detto in un altro modo: le vostre parole non rappresentano i suoni più adatti all'orecchio umano.

Questo significa solo una cosa: il tempo che separa questo preciso momento in cui siamo qui in questo prato dal giorno in cui avete emesso la prima parola è piuttosto breve. Prima di allora, il periodo che chiamate "preistoria", occupa la maggior parte della vostra avventura terrestre in cui io e soltanto io vi indicavo la strada. Ecco perché il vostro orecchio non si è accordato alle vostre parole, ma al canto degli uccelli, al frinire dei grilli, ai ruggito del leone, all'ululato del lupo e a tutti quei suoni che vi segnalavano la presenza di vita ma anche di pericoli. Il vostro udito percepisce meglio questi suoni che non le vostre parole.

Ma c'è di più: esiste un'eccezione che conferma la regola; un suono che voi emettete e che invece rientra nelle frequenze meglio percepite dal vostro orecchio: si tratta della "consonante fricativa sorda", un nome difficile per indicare una cosa semplice, e cioè la lettera "s" quando viene pronunciata in parole come "sole".

Ma la magnificenza della consonante fricativa sorda, la prova del mio glorioso passato, la memoria del passato stampata nel vostro corpo, si scopre quando essa esce da sola dalla gola con un flebile soffio d'aria, si fa spazio tra le labbra un po' serrate e sbatte contro il dito indice che mantenete tra la bocca e il naso. Il risultato ha il medesimo significato in quasi tutte le lingue ed è il suono usato per evocarmi e per farmi scendere in mezzo a voi.

Ssssssh, il suono del silenzio.

Avete ancora dei dubbi sul ruolo che ho giocato nella vostra storia?

Io direi di no, sono stato importantissimo, anche se adesso voi e i vostri simili mi trattate male, mi cacciate dal vostro mondo e mi relegate sui picchi montani, in mezzo agli oceani oppure in pieno deserto.

Sono passato dall'essere una risorsa fondamentale per la vostra vita a una presenza ingombrante e fastidiosa. Certo, oggi io non ho alcun ruolo nel procacciamento del vostro cibo, anzi. Più rumore prodotto dall'uomo c'è, maggiore è la probabilità di trovare degli alimenti che non si scovano più nelle foreste ma nei grandi supermercati oppure nei ristoranti.

Anche per i pericoli ormai siete autonomi e non avete più bisogno del mio aiuto. Da una parte vivete ben protetti all'interno di case di mattoni inserite in città gigantesche e dall'altra avete spedito la maggior parte dei vostri predatori nello stesso luogo dell'oblio dove riposano i dinosauri.

Ora, come dicevo, mi tenete alla larga e al mio posto c'è un frastuono terribile che non molla la presa nemmeno di notte.

Ricordo ancora molto bene il giorno in cui il rumore ha iniziato timidamente a mostrarsi, poi si è fatto forte, è cresciuto a dismisura e, ora, è così assordante da ricoprire il mondo per non lasciarlo quasi mai.

Era una mattina piuttosto calda e tutto appariva normale, non c'era nulla che faceva presagire una rivoluzione così radicale. Tutto accadde a Titusville in Pennsylvania il 27 agosto1859. Gli agricoltori si erano alzati presto e stavano lavorando nei campi mentre nelle case della cittadina americana si facevano le solite pulizie e faccende domestiche.

In realtà, nelle campagne della Pennsylvania, stava lavorando anche il colonello Edwin Drake, che a dispetto dell'appellativo era un ferroviere. Drake stava testando la sua nuova invenzione: una macchina capace di scalfire la crosta terrestre e inviare una pompa a una profondità di circa venti metri e raggiungere, nascosta sotto uno spesso strato sassoso, una sostanza antichissima che dormiva da milioni di anni e che la natura aveva impiegato altrettanti milioni di anni per produrre.

Lo scopo di questa riesumazione era quello di far risplendere l'antica energia fossile nelle lanterne che illuminavano le città americane.

Prima di allora si usava l'olio di balena che, come potete immaginare, era piuttosto difficile da procurarsi dal momento che stava all'interno della testa dei capodogli, che vivono in mezzo agli oceani.

Come andò a finire? Malissimo per le lanterne! Infatti l'olio di balena non venne sostituito dalla sostanza antica, ma dalla corrente elettrica, decisamente più comoda ed economica rispetto alla sostanza trovata dal colonnello Drake.

Eppure la storia non finisce qui: questo liquido viscoso, che prende il nome di petrolio, ormai si era risvegliato e aveva la smania di bruciare in un altro mezzo. Fu così che il 24 settembre 1908 avvenne l'incontro che rivoluzionò la vostra vita e che mi scacciò definitivamente dal mondo.

In quel fatidico giorno, in una fabbrica della città di Detroit negli Stati Uniti d'America, il petrolio incontrò la Ford modello T, la prima automobile a essere costruita seguendo il metodo della catena di montaggio.

Tra una sostanza antica milioni di anni e la più recente invenzione dell'uomo scoccò - e parlo in senso letterale - una scintilla che mosse il cuore metallico dell'automobile facendola viaggiare per tutto il mondo. Il successo fu travolgente: addirittura, per poter soddisfare le ordinazioni, la fabbrica le produsse con unico colore, esattamente quello della sostanza prodotta dalla terra in

milioni di anni e, in altrettanti milioni di anni, custodita nella sue viscere: il nero petrolio.

In breve tempo il mondo si riempì di automobili che, di anno in anno, diventarono sempre più veloci, confortevoli ed economiche. Erano talmente tante che voi uomini avete forgiato il mondo a loro immagine e somiglianza. Avete tagliato la terra con delle lingue di cemento capaci di accogliere le quattro ruote delle auto e farle viaggiare sempre più velocemente. Pensate che il risultato di questo processo è che, in questo momento, sulla terra viaggiano circa un miliardo e duecento milioni di auto - quasi il doppio degli abitanti dell'Europa - e le strade di cemento tagliano il mondo per oltre sessanta milioni di chilometri. Un numero difficile da immaginare, vero? Allora pensate di srotolare questa rete di asfalto: così facendo, otterremmo una strada capace di girare intorno al mondo per centosettanta volte, oppure in grado di andare e tornare dalla Luna per centosettanta volte.

E tutto questo andirivieni, questo pulsare di metallo in giro per il mondo mi ha scacciato, mi ha costretto a vivere solitario sopra i picchi inaccessibili delle alte montagne, oppure nei deserti o ancora in mezzo agli oceani. In altre parole: dove voi non ci siete.

Se poi si unisce il frastuono delle automobili a quello emesso dagli aerei, dalle navi, dalle fabbriche, dai telefonini e da tutta la vostra tecnologia che, in un secolo, si è irradiata nel mondo, allora capirete perché sono costretto a vivere in luoghi ameni e lontani da voi e dai vostri simili.

Eppure, anche se adesso non servo più a nulla, continuo

ad avere qualche estimatore. Qualcuno che sente ancora il fascino dell'assenza del suono metallico e che apprezza la voce della natura.

Tra i tanti, esiste un mio fan che gira per il mondo alla mia ricerca. Egli viaggia accompagnato da un registratore di alta qualità che piazza in vari posti dall'alba al tramonto.

Quando trova un luogo in cui io risplendo e non vengo interrotto da un suono umano per più di cinque minuti, allora prende una mappa e mi segnala con un puntino rosso: quello è il luogo dove ancora risiedo e dove i miei "fan" possono trovarmi.

E sapete cosa ha notato questo cercatore del silenzio? Esattamente quello che vi ho già detto: io sono praticamente scomparso da quel mondo che sorreggevo e aiutavo. Non esisto più nelle città, né nelle campagne ma, quello che è davvero strano, sono scomparso anche da molti luoghi selvaggi, dai quali vengo scacciato dal rumore di una macchina lontana oppure da un aereo che taglia in due il cielo con la sua scia bianca di vapore acqueo.

I puntini segnati sulla mappa del silenzio ci sono solo sulle cime dell'Himalaya, in mezzo agli oceani, oppure nei deserti che costellano il nostro pianeta. In tutti gli altri luoghi del mondo rimbomba il suono metallico delle automobili e delle vostre invenzioni.

Ma perché mai costruire una mappa del silenzio? Cosa farsene dell'assenza dei suoni? Evidentemente, se da una parte sono fastidioso e porto alla noia, dall'altra ho qualcosa di positivo e interessante. Infatti quando me ne sto per

Mappa del silenzio
1.0L

tanto tempo lontano da voi, allora vi assale la nostalgia e venite a cercarmi.

Come mai sentite questo doppio sentimento nei miei confronti?

Io penso di essere un po' come il buio, che spaventa ma che vi permette di vedere lontano, per esempio le stelle con il loro baluginio. Una intermittenza che vi incanta e che allarga il vostro pensiero per un attimo.

Ecco, anche io svolgo lo stesso ruolo: quando mi paleso, voi e i vostri simili potete finalmente ascoltare le voci della natura che vi calmano con le loro storie antichissime e così diverse dalla vostra.

Ma non solo, quando calo in mezzo a voi, in realtà non c'è mai un silenzio assoluto, anzi: delle voci sottili, spesso eteree e che vivono dentro di voi fanno capolino e si fanno vedere. Tali voci, al pari di quelle della natura, raccontano storie che sono tutte magiche, uniche, ricche di intrecci, mai noiose e sempre affascinanti.

Queste voci risiedono dentro di voi e le potete trovare ascoltando il vostro cuore ma anche la vostra pancia, che non serve solo per digerire il cibo.

E questo libro con mille parole ancora da dire, questa narrazione unica e affascinante che brama la conquista del mondo racconta sempre e soltanto una storia: la vostra.

INDICE